極秘公文書と慰安婦強制連行

外交史料館等からの発見資料

今田 真人

三一書房

◎凡例

本書の公文書の引用は原文通り、カタカナ・ひらがな文とも、そのままにした。

カタカナの濁点は当時の慣例として省略されているものが多いが、そのままにした。

旧漢字は原則、新漢字にし、漢数字は算用数字に直した。一部例外的に旧漢字がふさわしいものは、そのままにしたが、読みにくいものは適宜ルビを振り、難解な言葉はカッコ内に漢字・ひらがなで意味を入れた。明らかに誤字と思われる漢字は直すか、「ママ」のルビを振り、その下のカッコ内に正しい文字を入れた。

巻末に、本書の各論考で引用した主要な公文書などの「抜き書き」を年代順に並べた。

「抜き書き」の頭には《資料1》などという記号を付け、さらにその記号を論考の関係箇所に脚注として付けた。

出典名で「茗荷谷《みょうがだに》文書」としているものは、正式名称が「外務省茗荷谷研修所旧蔵記録」という文書の略である。

まえがき

戦前、植民地だった朝鮮で「慰安婦狩り」(「慰安婦」強制連行)をしたという故・吉田清治氏の加害証言は、2014年8月5日付の朝日新聞の検証記事で、朝鮮・済州島での「慰安婦狩り」の証人が、吉田氏以外にこれまでに発見できなかったということを主な理由にして、ウソとされてしまった。極右の人たちだけでなく、いまや左翼やリベラルな人たちの一部にまで、この言説が広く浸透していることに驚くばかりである。済州島での加害証言をウソと断定すれば、済州島以外の朝鮮での被害証言も同時にウソにされていくのは、理の当然である。済州島は当時、まぎれもなく植民地・朝鮮の一部であった。済州島だけが例外であると考える方が、どうかしている。ここに、一部の左翼やリベラルな人たちの「吉田証言は虚偽だとしても、強制連行はあった」などという言説の説得力のなさや欺瞞が露呈する。どんなに新しい事実が発見されても、そう言い続ける知識人の知性には、本当にがっかりする。

今回出版する拙著は、吉田証言のいう、朝鮮での朝鮮人「慰安婦狩り」の正しさを、この間発見した極秘公文書を使って証明しようとするものである。拙著『吉田証言は生きている』(2015年、共栄書房)と、共著『「慰安婦」問題の現在』(2016年、三一書房)の続編であり、いわば、『続・吉田証言は生きている』ともいうべきものである。

吉田氏は、朝鮮での「慰安婦狩り」について「男の徴用のついでに、女の女子挺身隊も……いっしょに……連行していた」(『吉田証言は生きている』P22・23)と証言していた。

この証言は、「慰安所の酌婦、女給」(「慰安婦」のこと)を、男性とともに、戦時労務動員対象業種に指定していたことを示す「極秘通牒」《資料35》の発見で、みごとに裏付けられた。(『「慰安婦」問題の現在』P147〜)

また、吉田氏は「昭和17年(1942年)以降に、朝鮮に民間人が慰安婦を集めにいくことが、どうしてできないか」と、次の二つのことを指摘した。(『吉田証言は生きている』P35〜)

1番目は、「関釜連絡船のキップを買うのに、(公的な身分)証明書がないと買えないのですよ」とのべた。

この証言は、巻末の「抜き書き」の公文書「邦人ノ渡支取締ニ関スル件」(1938年9月6日)でも裏付けられている。《資料28》

この公文書は、「邦人ノ渡支(当時の日本人が中国に渡航すること)」には、「在支公館長(中国駐在の日本の領事館等の長)若ハ内地警察署長発給ノ身分証明書」が必要であることを各船会社に指示している。

中国など、日本が侵略戦争を仕掛けている相手国の日本軍占領地に「慰安婦」を連行するためには、それが絶対に必要であることはよく考えてみれば当然である。

その身分証明書の発給で日本政府や日本軍が管理・支配する交通手段の使用が可能になり、

そうして各駅や各港で連行される女性たちを身分証明書の所持とともに確認・監視したのが、当時の内務省警保局や朝鮮総督府、台湾総督府、中国駐在の各領事館に所属する警察官（外務省警察と呼ばれた）であった。

それらの警察官の許可なくして、「業者」が「慰安婦」を連行していくことなどできないし、逃げようとすれば、それを阻止したのは当然、武器を携帯するこれらの警察官や憲兵であっただろう。しかも交戦中の中国内での交通手段は、「業者」が運賃を払えば利用できるというような平時の仕組みではなかった。その交通手段の利用ができるかどうかは、「業者」の唯一の力である「金の力」ではなく、日本軍や官憲発給の「身分証明書」の所持による「公権力」であった。

2番目は、内地だけでなく、植民地・朝鮮でも徹底していた食糧管理である。コメは配給であり、「証明書」がなければ、連行した10人前後の「慰安婦」を朝鮮内の宿泊所に泊めようとしても「コメ食わしてくれません」と吉田氏は証言している。（『吉田証言は生きている』P38〜）

ましてや、「業者」が朝鮮を出発し、若い女性たちを連れて、交戦状態の中国国内を移動し、何日もかけて日本軍慰安所へ運ぶには、日本軍や官憲が毎日、食事を与え続けなければならない。そうでないと、女性たちは飢え死にしてしまう。

連行する女性たちの食糧の調達は、「業者」では不可能である。だいたい、交戦状態の中国国内で、中国人が敵側の「業者」に日本円や軍票で大量の食糧・食品を売るわけがない。もちろん、現代のように、各駅で「駅弁」を買えるはずもない。当時の食糧の調達、調理、保存、提供の方法を考えれば、「業者」では、連行する女性たちに食事を用意することさえできなかっただろう。日本軍や官憲が計画的に大量の食糧を調達し、各所各所で調理して提供したからこそ、連行される女性たちは食事をし、生きのびることができたのである。死んだ女性を慰安所に運んでは、「性奴隷」にすらできないではないか。

現在の「歴史修正主義者」が唱えるように、「業者」こそ戦中に、女性たちを戦地の慰安所に連行した主要な責任者だと考えるのは、どう考えても無理である。これほど、時間と空間を超えた妄想はない。

「慰安婦」の連行は、日本軍や官憲による強制連行以外の何ものでもなかったのである。「初めから、狩り出すときから、朝鮮半島で連れだすときから、国家そのものの力です。民間の力では部落の駅で汽車に乗せることすら不可能」(『吉田証言は生きている』P39)であった。

この吉田氏の証言に教えられたからこそ、私は、それを裏付ける一連の公文書を発見できた。吉田氏に感謝したい。そして改めて言う。吉田証言は真実である。いまだに吉田証言を否定する者、「信ぴょう性がない」と誹謗中傷を続ける者は、恥を知るべきである。

◇

なお、今回の拙著中の第1章から第5章は、私のホームページ「今田真人の部屋」の特集「従軍慰安婦・吉田証言否定論を検証するページ」の同名あるいは類似のタイトルの論評（連続ツイートのまとめなど）を、今回、大幅に加筆・補正して論考として掲載した。

ホームページの論評には多数の公文書の復刻写真を添付しているので、拙著の論考と合わせ参考にしていただきたい。

第7章は、雑誌『週刊金曜日』２０１７年11月24日号に掲載した拙稿に新たな材料や分析を加えて補正した。

第6、第8、第9、第10章は、新たに書き下ろした論考である。

２０１７年12月

フリー・ジャーナリスト　今田真人

もくじ

第1章　戦時動員職種に未成年朝鮮人女性の「接客業」

「慰安婦」問題の政府公表資料の復刻本は、「デジタル記念館・慰安婦問題とアジア女性基金」のインターネット・サイトからPDF形式でダウンロードできる。「政府調査『従軍慰安婦』関係資料集成」と題したこの復刻本は、1997年3月20日発行の第1巻から、1998年7月20日発行の第5巻まで、全5巻が公表されている。

しかし、ここで公表されている膨大な量の公文書が、すべて十分に評価され解説・分析されているわけではない。

本稿で分析する公文書は、同第4巻所収の「朝鮮総督府部内臨時職員設置制中改正ノ件［閣議決定］（1944年7月12日）」の中に出てくる「生産増強労務強化対策」という公文書である。《資料39》

強制連行の二つのやり方を示す公文書

そこには、次のような注目すべき文章が書かれている。

「労務配置対策……女子遊休労力ノ積極的活用ヲ図ル為左ニ依リ措置スルコト（イ）女子ノ特性ニ適応スル職種ヲ選定シ新規学校卒業者及《および》年齢14年（歳、以下同じ）以上ノ未婚者等ノ全面的動員体制ヲ確立スルコト……（ロ）労務調整令ヲ改正シ接客業、娯楽業等ニ於ケル女子青少年（概ネ年齢12年以上、25年未満ノ者）ノ使用制限ヲ実施スルコト尚此ノ場合労務調整令ノ適用ヲ受ケザル女子青少年ニシテ警察取締ヲ受クル者ニ付テハ本件ニ準ジ之ガ取締ヲ強化スルコト」

この文章は、おおむね年齢12歳以上～25歳未満の未成年を含む朝鮮人女子青少年が、労務調整令という、国家総動員法に基づく戦時労務動員を推進する法令によって、「接客業」や「娯楽業」で使用されていたことを示している。また、この労務調整令を「改正」することで、その「使用制限」を将来実施する予定と読める。これは、労務調整令が当時、「改正」されるまでは「接客業」等での女子青少年の使用に制限がなかったことを示している。

また、「労務調整令の適用」を受けないで、「警察取締」を受けて同種の業種で使用されていた同様な年齢の朝鮮人女子青少年がおり、労務調整令の「改正」に準じて、同様な「使

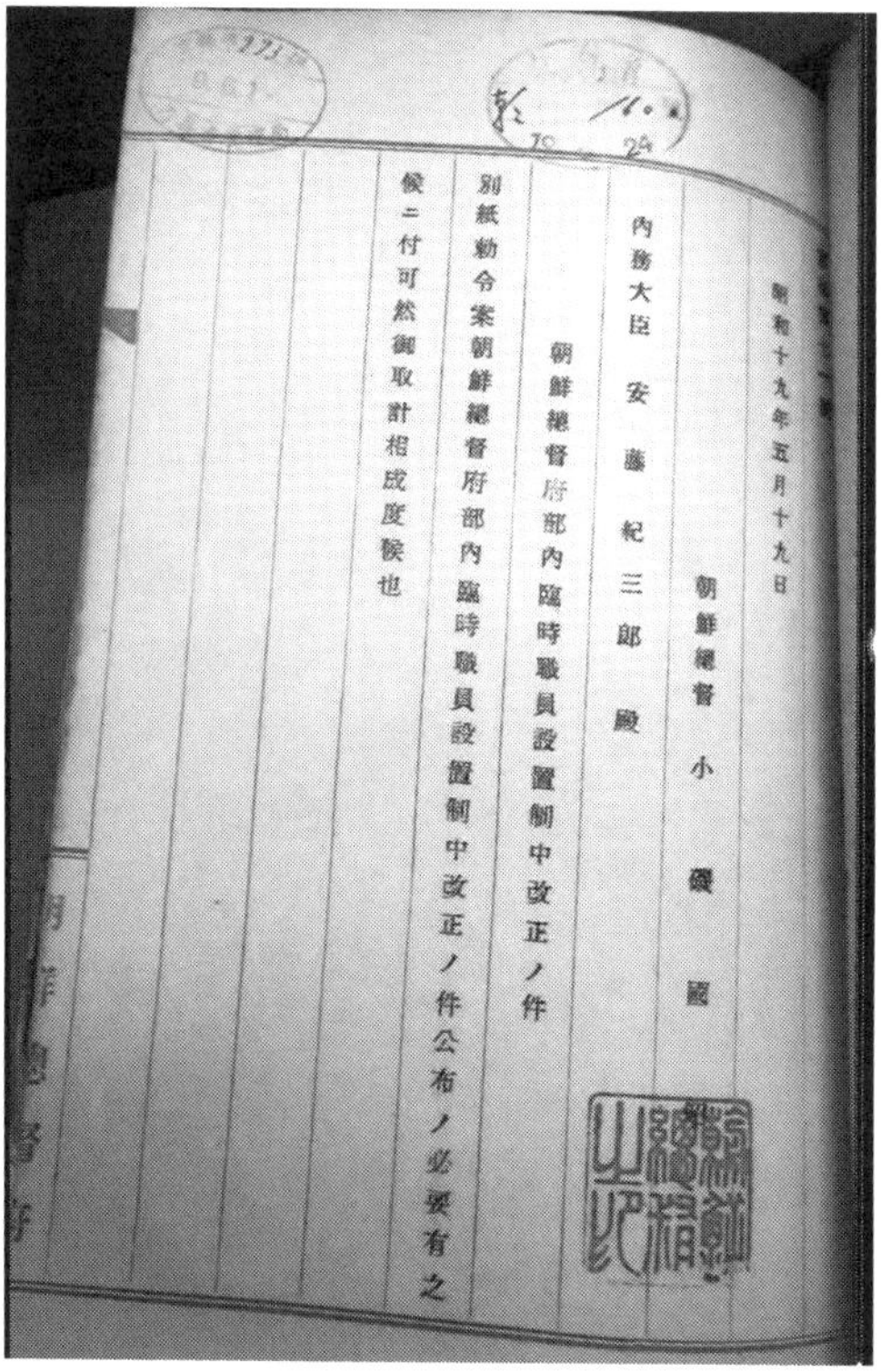
昭和十九年五月十九日
朝鮮総督 小磯國昭
内務大臣 安藤紀三郎 殿
朝鮮総督府部内臨時職員設置制中改正ノ件
別紙勅令案朝鮮総督府部内臨時職員設置制中改正ノ件公布ノ必要有之候ニ付可然御取計相成度候也

1944年5月19日付で朝鮮総督が内務大臣に提出した文書に「生産増強労務強化対策」がある。（外交史料館所蔵）

用制限」を実施すると読める。

この公文書には、作成官庁や決定された日付が書き込まれていない。しかし、同じ公文書の中の「第6　経済統制ニ伴フ警察事務ニ従事スル者ノ増員説明」に、次のような文章が出てくる。

「朝鮮ニ於テモ労務所管局ニ於テ客年10月『生産増強労務強化対策』ヲ樹立シ……」云々。《資料39》

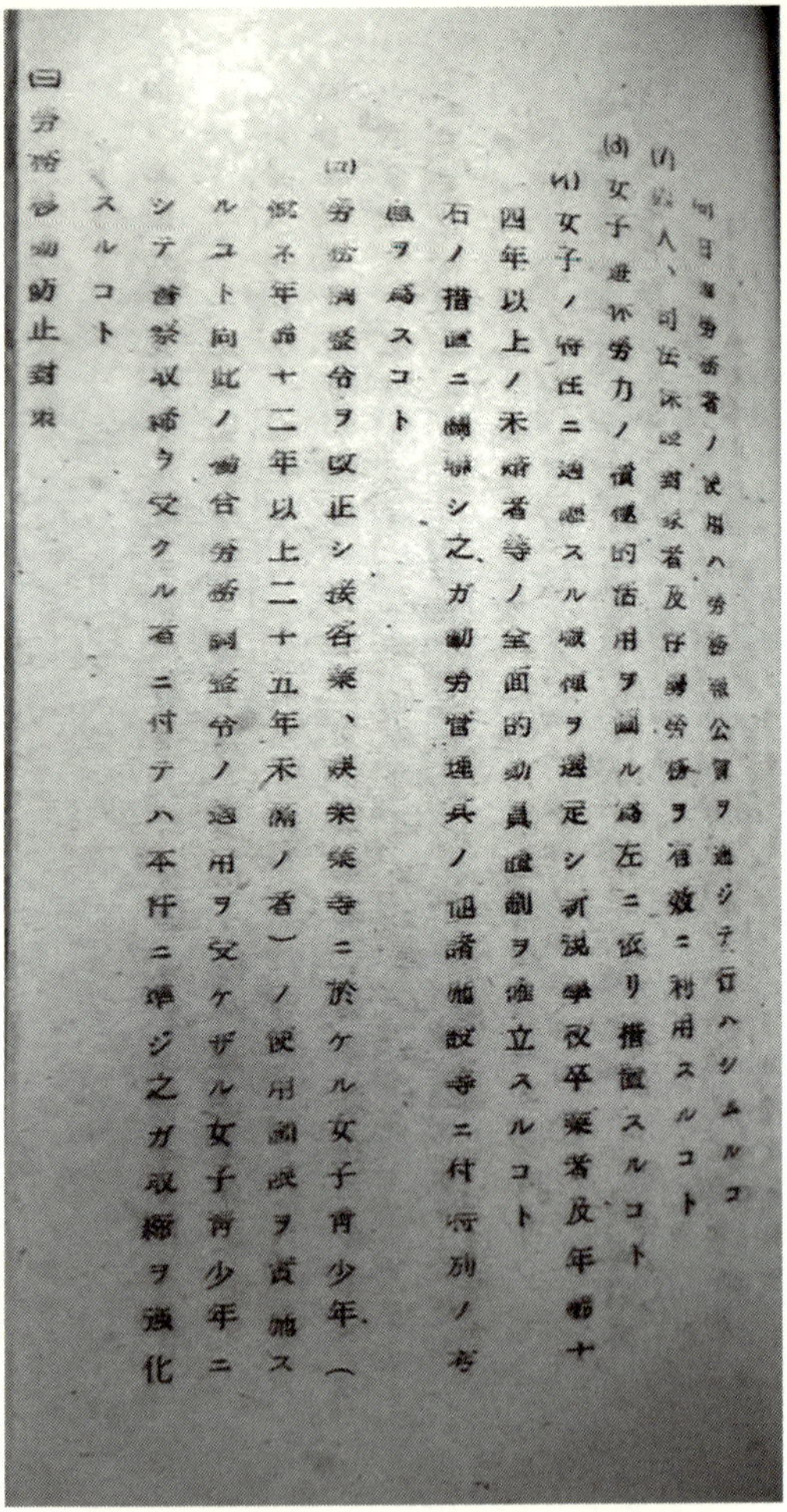
(ﾍ)日本人労務者ノ使用ハ労務報国会ヲ通ジテ行ハシムルコト
(ﾄ)囚人、司法保護対象者及俘虜労務ヲ有效ニ利用スルコト
(3)女子遊休労力ノ積極的活用ヲ図ル為左ニ依リ措置スルコト
(ｲ)女子ノ特性ニ適應スル職種ヲ選定シ新規学校卒業者及年齢十四年以上ノ未婚者等ノ全面的動員組織ヲ確立スルコト
右ノ措置ニ關聯シ之ガ勤労管理其ノ他諸施設等ニ付特別ノ考慮ヲ為スコト
(ﾛ)労務調整令ヲ改正シ接客業、娯楽業等ニ於ケル女子青少年（年齢十二年以上二十五年未滿ノ者）ノ使用制限ヲ實施スルコト尚此ノ場合労務調整令ノ適用ヲ受ケザル女子青少年ニシテ営業取締ヲ受クル者ニ付テハ本件ニ準ジ之ガ取締ヲ強化スルコト
(四)労務移動防止対策

「生産増強労務強化対策」には労務調整令による未成年朝鮮人女性の「接客業」への動員の事実が書かれている。

（外交史料館所蔵）

また、同じ題名で同じ内容の朝鮮総督府の文書「朝鮮総督府部内臨時職員設置制中改正ノ件」（1944年5月19日付、朝鮮総督小磯国昭→内務大臣安藤紀三郎）も、外交史料館で発見した《資料39》。

この公文書は、1944年7月12日の閣議決定の関連文書の元になっていると思われる。

つまり、「生産増強労務強化対策」は、朝鮮総督府の「労務所管局」が1943年10月に樹立（決定）したものであることがわかった。

総合すると、この公文書は、朝鮮人女子青少年の「接客業」への戦時労務動員を、日本政府が閣議決定の関連文書で知っていたことを示している。

政府公表資料を「解読」するカギ、「極秘通牒」

共著『「慰安婦」問題の現在』で明らかにした「極秘通牒」《資料35》は、政府が復刻本全5巻の中で公表した膨大な公文書類を「解読」する上で、大きなカギを与えてくれている。

政府公表資料復刻本の第4巻には内務省警保局長文書「渡支邦人暫定処理ニ関スル件」（1941年8月16日付）という閣議決定文書がある。それは、当時、日本軍が侵略戦争をしていた中国（支那）の日本軍占領地域への邦人の渡航を厳しく制限するものだった。

その中で、当時中国への渡航が特別に許される邦人が、いくつかの業種で存在したことを示している。その一つが「本邦ニ於テ婦女（芸妓、酌婦、女給等）雇入ノ為一時帰国シタル在支接客営業者」。もう一つが「労務調整令ニ依ル雇入就職制限ノ適用ヲ受クル者」である。

政府公表資料復刻本の第1巻には、この閣議決定の解説的文書「『渡支邦人暫定処理ノ件』打合事項（1940年）」がある。中国に渡るには現地の「帝国領事館警察（外務省警察）」発行の証明書が必要で、それを入手するには「軍の呼び寄せ」が必要だったという。

この公文書は言う。

「問　領事館ナキ地ノ軍ヨリ特殊婦女ヲ呼寄セントスル場合ハ如何《いか》ニスルヤ」

「答　当該軍ノ証明書ニ依リ最寄《もより》領事館ノ証明書（渡支事由証明書又ハ身分証明書）ヲ受クルコトトス」

「接客業」婦女とは「特殊婦女＝慰安婦」

ちなみに「特殊婦女」とは何か。

同じ政府公表資料復刻本の第1巻にある公文書「渡支邦人暫定処理取扱方針中領事館警察署ノ証明書発給範囲ニ関スル件（1940年）」では次のように説明されている。

「特殊婦女（芸妓、酌婦、女給、軍慰安所雇用員其ノ他）」

また、外交史料館所蔵の茗荷谷文書J32所収の「邦人渡支制限ニ関スル件」（1940年5月

24日付、在石家荘領事の在中華民国参事官宛ての文書）には、次のような指摘もある。

「特殊婦女子（芸妓、酌婦、仲居、女給、女中）ノ抱入又ハ雇入ニ就テ……従来当館ニ於テハ之カ抱入及雇入ニ就テハ何等制限ヲ加フルコトナク之ニ必要ナル営業証明又ハ内地旅行証明書ヲ下付シ来レル」

注目したいのは、「特殊婦女」の「呼び寄せ」をしているのは、中国の前線各地の日本軍部隊であったことだ。このことは、「特殊婦女」が、いろいろな別の職業名があるとしても、実質的には日本軍「慰安婦」であったことを示している。この点は、拙著の別の論考でも触れている。

もう一つ、注目してほしいのは、「特殊婦女」を雇い入れするため、「一時帰国」する「業者」を「在支接客営業者」と書いていることである。ここで初めて、冒頭に挙げた朝鮮総督府の公文書「生産増強労務強化対策」《資料39》に出てくる「接客業ニ於ケル女子青少年ノ使用」の意味が判明する。「極秘通牒」は、労務調整令が「慰安婦」を戦時労務動員の対象業務にしていたことを示したが、今回、この朝鮮総督府の公文書は、労務調整令が、朝鮮人の未成年を含む若い女性を「慰安婦」として動員していたことを明らかにした。また、労務調整令以外の「警察取締」というルートで、朝鮮人の若い女性を「慰安婦」として連行していたことも明らかにした。まさに、「極秘通牒」が、これまでいま一つ意味不明だった政府公表資料を「解読」するカギになっていることを示している。

「極秘通牒」を受け取った朝鮮総督府の「領収証」

労務調整令が、動員した朝鮮人女子を「慰安婦」にする法令でもあることは、朝鮮総督府の担当部局も知っていたようだ。

同令に関する「極秘通牒」が出されたのは1941年12月16日だ。翌年の4月9日付で、当時の日本政府の担当官庁、拓務省の朝鮮部長が朝鮮総督府に「極秘通牒」を送付し、朝鮮総督府厚生局長がそれを受け取ったことを示す「領収証」を発見した。（外交史料館所蔵、茗荷谷文書Ｉ60）

「極秘通牒」が収められていた小冊子の題名は「労務調整令事務取扱関係通牒集（1）」。同じ題名が、この朝鮮総督府厚生局長の「領収証」に書かれている。

さらに問題なのは、この「極秘通牒」とともに朝鮮総督府に送られたと思われる

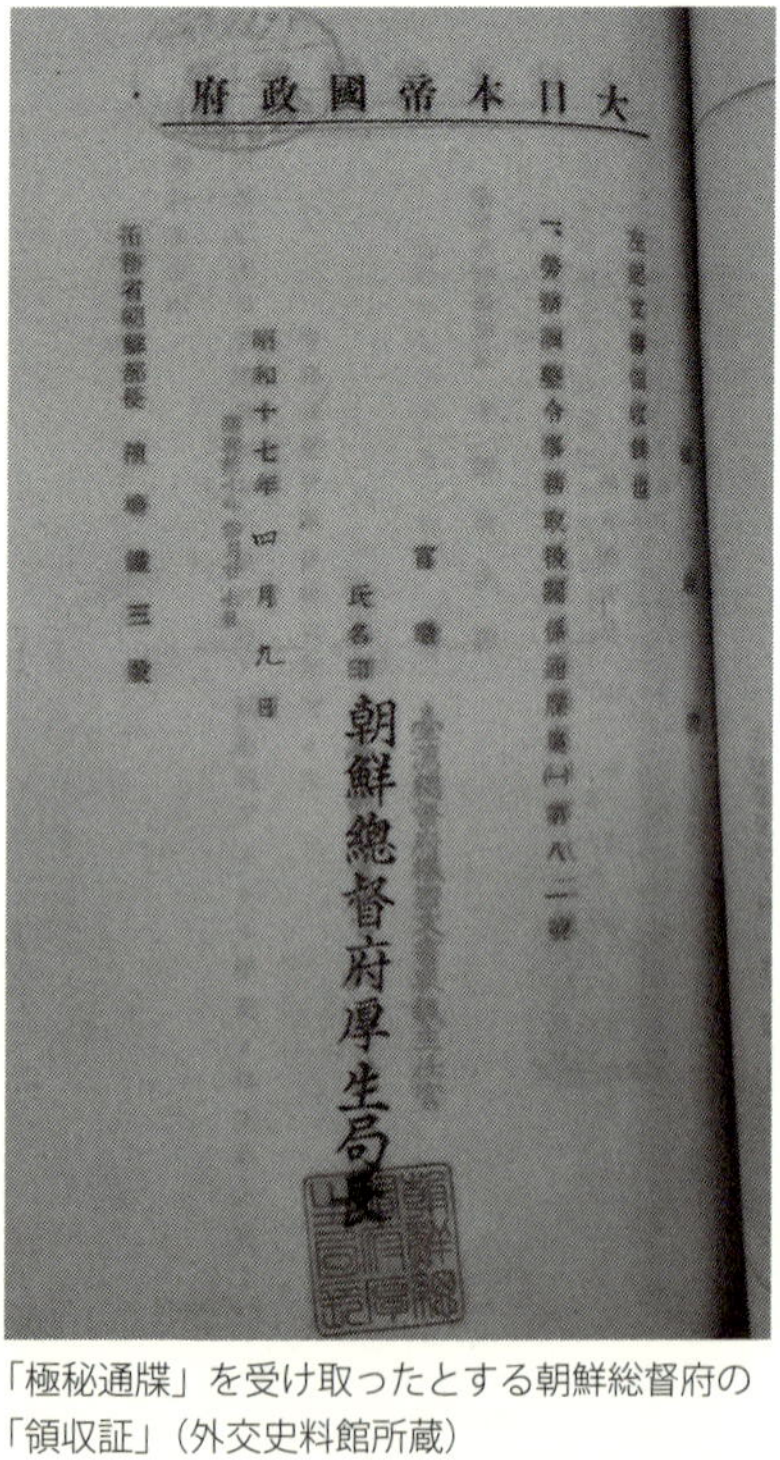
大日本帝國政府
昭和十七年四月九日
氏名印　朝鮮總督府厚生局長

「極秘通牒」を受け取ったとする朝鮮総督府の「領収証」（外交史料館所蔵）

「労務調整令関係質疑応答」と題する法令解説書である。（外交史料館所蔵、茗荷谷文書Ｉ60）

その中では、戦時動員対象業務を強制する労務調整令が「公娼」にも「適用」されていることを認めている。

「内務省ノ公娼廃止方針ニ基キ公娼ヲ廃止シ従来ノ貸座敷ニ於ケル娼妓ヲ指定料理店酌婦ニ改メタルモノハ実質上何ラ公娼ト異ナル点ナキヲ以テ其ノ雇入ハ本令ノ適用外トシテ差支《さしつかえ》ナキヤ」

という質問。

対する日本政府の回答に驚く。

「答　本令ノ適用ヲ受クルモノトス」

この「労務調整令関係質疑応答」という冊子の送り状には「秘」印が付いている。

その送り状の文言も振るっている。

「労務調整令関係認可方針ニ関スル質疑応答ハ外部ニ発表セザル様致度為念《よういたしたくねんのため》」

「極秘通牒」は、「慰安婦」のことを「酌婦、女給」と呼んでいた。この「労務調整令関係質疑応答」でも、「酌婦」という言葉が出てくる。同「質疑応答」は、「酌婦」が「娼妓（売春婦のことを当時、こういった）」であり、「公娼（当時、日本が法律により国内や植民地で認めていた性奴隷制度）」でもあること《資料1》、そして、外部秘で労務調整令は「娼妓」を労務動員対象にしていたことを認めている。

そうした部外秘の公文書を日本政府は植民地・朝鮮の統治機構、朝鮮総督府に送付していたのである。

「慰安婦」求人の手続きを定めた陸軍通牒

労務調整令に基づく「慰安婦」の求人は、「業者」ではなく、日本軍そのものが行ったことも公文書でわかってきた。

「陸軍労務要員募集取扱ニ関スル件陸軍一般ヘノ通牒」（1942年8月17日、防衛省防衛研究所の所蔵）が証明している。

この陸軍通牒は言う。

「部隊ハ左記種別ノ要員ヲ雇入レントスル場合ニ於テハ……別紙様式第1ニ依リ求人ノ申込ヲ為スモノトス」

「左記」には「一般青壮年（労務調整令第7条該当者）」とある。

「別紙様式第1」の「一般青壮年」には「女」の欄がある。

通牒には、ご丁寧にも労務調整令などの関連条文を添付している。

「第7条……年齢14年（歳）以上25年未満ノ女子ニシテ技能者及国民学校修了者タラザルモノ（以下一般青壮年ト称ス）ノ雇入及就職」

また、「就業地」が「外国」の場合、厚生省に求人の申し込みをせよ（「職業紹介規程」）とある。

改めて、「極秘通牒」の該当個所を確認しよう。《資料35》

「酌婦、女給」……「○（軍のこと）ノ要求ニ依リ慰安所的必要アル場合ニ厚生省ニ禀伺《りんし》シテ承認ヲ受ケタル場合ノ当該業務ヘノ雇入ノミ認可ス」

陸軍部隊が「一般青壮年」の「女」（14歳以上、25歳未満）の求人を厚生省に申し込み、その厚生省が「慰安婦」の雇い入れを承認し認可する。まさにこの陸軍通牒と「極秘通牒」は、ぴったりと符合する。

要するに、「慰安婦」は、前線の日本軍部隊が求人し、雇ったのである。また、「慰安婦」を引率した「業者」が事実上の前線の日本軍部隊の一員であったことも浮かび上がる。

「慰安婦」を軍が雇ったからこそ、遠く離れた戦地の慰安所に連れていく事ができた。「まえがき」で触れたように、「業者」では、戦時統制下で、食料やトラック、船舶等の調達さえ不可能である。出国手続きもある。連行中に戦闘もあるだろう。日本政府・軍の人間でなくては、その連行は不可能だった。「業者」は、実質上は軍の人間であり、「経営者」というより、連行する女性たちの付添人だったのだろう。

五つの軍管区で「慰安婦」を募集

次に、先の陸軍通牒の続きを見よう。

「部隊ハ……求人ノ申込ヲ為シタルトキハ其ノ写《うつし》1部ヲ申込期日ノ月ノ10日迄《まで》ニ陸軍省ニ提出スルモノトス但シ軍需動員部隊ニ在リテハ要員募集管理官ヲ経由スルモノトス……陸軍省ハ……提出書類ニ意見ヲ付シ厚生省ニ送付スルモノトス」

「要員募集管理官」という言葉が初めて出てくる。「官」とは官僚である。

「陸軍労務動員」の募集業務の管理も、官僚がやったことを示している。

また「要員募集管区ハ付表ノ通《とお》リトス」の「付表」には「管区外ヨリ要員ヲ募集セントスル場合ニハ陸軍大臣ノ認可ヲ要スルモノトス」とある。

陸軍大臣が認可すれば、管区外（植民地・朝鮮など）からの「募集」も可能だったのだ。

「付表」の題名は「陸軍募集区域表」。東京、名古屋、大阪、広島、小倉の五つの「管区」が示され、それぞれの管区の管轄する都道府県名が書かれている。山口県は広島の管区になっているが、後で述べるように、下関市は西部軍管区（小倉の管区）に属している。

この「付表」を見てあっと驚いた。故・吉田清治氏の証言を思い出したからだ。

「日本列島を五つか、軍管区に分けて、……事実上の軍政を日本列島に敷いていた」（『吉田証言は生きている』P26〜）。その軍管区の一つ、西部軍司令部が「慰安婦狩り」を山口県知事に命じたと。

防衛省防衛研究所には、戦中の軍管区を表にした公文書がある。

その中の一つ、「西部軍管区部隊編合並びに配置表（1945年2月28日軍令陸甲第34号）」

（１９６８年7月20日、厚生省援護局業務第一課作成「陸軍部隊（主として内地）調査票・別冊」所収。防衛省防衛研究所の所蔵）には、下関を「衛戍地《えいじゅ》」（基地のこと）とする「下関重砲兵連隊補充隊」（通称号・西部74）の名前がある。

この部隊名に見覚えのある人はいるだろうか。

そう、吉田清治氏の著作『私の戦争犯罪』（１９８３年、三一書房）Ｐ１０１に出てくる済州島での「慰安婦狩り」の命令書にある、強制連行された女性たちの「集合場所」が「西部軍第74部隊」だった。西部軍による山口県労務報国会会長（県知事兼任）への命令書の記述だ。

「西部軍第74部隊」とは何をしていた部隊なのか。

防衛省防衛研究所にある戦中の陸軍の公文書「下関重砲兵連隊ノ人員増加ノ件」（１９３７年11月16日、第12師団司令官留守部）には次の記述がある。

「現在下関重砲兵連隊ハ防空ニ服スルト共ニ教育及動員其他ノ業務ヲ担任シアリ」

この「動員其他ノ業務」という記述に注目したい。

「軍事機密」と書かれ、多くの印が押された公文書、西部軍参謀長・佐々眞之助氏が陸軍省副官・川原直一氏に宛てた「留守（補充）業務担任区分表送付ノ件通牒」（１９４１年9月25日）も発見した。（防衛省防衛研究所の所蔵）

その中の一つ、「西部軍直属部隊留守（補充）業務担任区分表・其1」に「南支方面第23軍（今村部隊）隷属・重砲兵第一連隊・早川方良部隊長」の「留守（補充）業務担任」として、下関市が所在地となっている「下関重砲（西部74）」の名前がある。

冒頭に「軍事機密」とある。

同じく「特編部隊留守業務（補充業務ヲ含ム）担任区分表・其2」には、満州方面関東軍隷属・重砲兵第二連隊（通称1214）・池田亮部隊長と、同重砲兵第三連隊（通称1215）・飛松伸三部隊長の、二つの連隊の留守担任部隊として、「下要重（西74）」（下関市所在）の名前がある。これも「軍事機密」だ。

これらの「軍事機密」文書は、「下関重砲兵連隊（西部軍第74部隊）」が、中国大陸に侵攻したいくつもの日本軍部隊の「留守・補充業務」を担当していたということを示している。

「極秘通牒」は、政府公表資料を「解読」するカギであるだけでなく、他の労務調整令関連の公文書を「解読」するカギでもあることが浮き彫りになっている。

第２章　吉田清治氏が属した労務報国会を追う

共著『「慰安婦」問題の現在』の拙稿で明らかにしているように、朝鮮職業紹介令関連の法令、「朝鮮職業紹介令施行規則（1940年1月20日朝鮮総督府令第7号）」が、「芸妓、娼妓、酌婦」などの「周旋」を禁じながら、下位の朝鮮総督府内務・警務局長通牒「朝鮮職業紹介令施行ニ関スル件（1940年1月27日）」では、「芸妓、娼婦、酌婦」などの周旋業について、「許可官庁ニ於テ特ニ支障ナシト認メラルル場合」では許可できるようにしている。（出典は、樋口雄一編『戦時下朝鮮人労務動員基礎資料集V』2000年、全5巻、緑蔭書房）。

通牒（現代では通知と呼ばれる官庁文書）は法令の下位に属する規制だが、行政機関内の連絡事項という性格から、法令と違って公表されないことが多い。公表される上位の法令では「朝鮮職業紹介令施行規則」で「芸妓、娼妓、酌婦」の周旋業を禁じているのに対して、公表されない通牒においては、官庁許可の周旋業に限って認めているわけであり、まさに二重基準である。

この二重基準は、戦時労務動員として連行される朝鮮人女性の側にとっては、「芸妓、娼妓、酌婦」の「周旋」が法令で禁止されているので連行されても大丈夫と安心していたら、官庁許可の「周旋業者」に、知らないうちに「慰安婦」として連行されてしまったということになる。まさに就業詐欺を法令と通牒でやっているようなものである。

内地の庁府県が朝鮮人「供出」を承認

関連して、「募集ニ依ル朝鮮人労働者ノ内地移住ニ関スル件」（１９４０年3月12日）と題する朝鮮総督府の内務・警務局長通牒もある。（出典は、右に同じ）

この通牒の注目点は、「労務動員計画」に基づく朝鮮人労務者の「内地供出」の基本は、まず「内地庁府県」がその「募集雇人」を承認することと定め、「内地以外の鮮外」への「供出」もこれに準ずるとしていることである。

通牒の該当部分を引用する。

「内地ニ於ケル労務動員実施計画ニ基ク募集ニ依ル朝鮮人労務者ノ内地移住ニ付テハ……実施中ノ処……今般朝鮮職業紹介令ノ施行ニ依リ労務調整ノ基礎的法規ノ確立ヲ見タルニ付テハ自今左記御留意ノ上本件取扱ニ遺憾ナキヲ期セラレタシ……内地以外ノ鮮外ニ対シ集団的ニ朝鮮人労働者ヲ供出スル場合ニ於テモ本件ニ準ジ取計ハレ度《たし》……１．朝鮮人労働者内地供出ニ付テハ内地庁府県ニ於テ其ノ募集雇人ニ関シ承認済ノモノト雖《いえど》モ鮮内労務調整上又ハ内地渡航ノ指導取締上ノ見地ヨリ支障アル場合ハ其ノ募集ヲ制限シ又ハ許可セザルコトアルベキコト」

吉田清治氏の著作で描かれているような、朝鮮での山口県労務報国会による「慰安婦狩り」が、山口県知事の命令で実施されたことの意味を法的に説明していると思われる。

そして、日本のアジア侵略戦争が激化していく中で、この政府公認の「慰安婦」募集は、より強制性を強めていく。

それが、１９４１年11月20日に政府内で定めた協定「昭和16年度（１９４１年度）労務動員実施計画ニ依ル朝鮮人労務者ノ内地移入要領」である。（国立公文書館所蔵、簿冊『公文雑纂・昭和17年（1942年）・第8巻・内閣』の「極秘・昭和17年9月・労務関係例規集・拓務省管理局」）

そこには次の記述がある。「本要領ニ依リ内地ニ移入セシムベキ朝鮮人労務者ノ供出ハ従来ノ朝鮮職業紹介令ニ依ル労務者募集ノ方法ヲ廃止シ自今朝鮮総督府及《および》地方庁ノ斡旋ニ依ルコトトスルコト」

同「要領」には、「朝鮮労務供出機構ノ整備拡充」として「朝鮮ニ於テ労務担当職員ニ適任者ヲ得難キトキハ内地関係官庁ハ之ガ供出ニ付協力スル

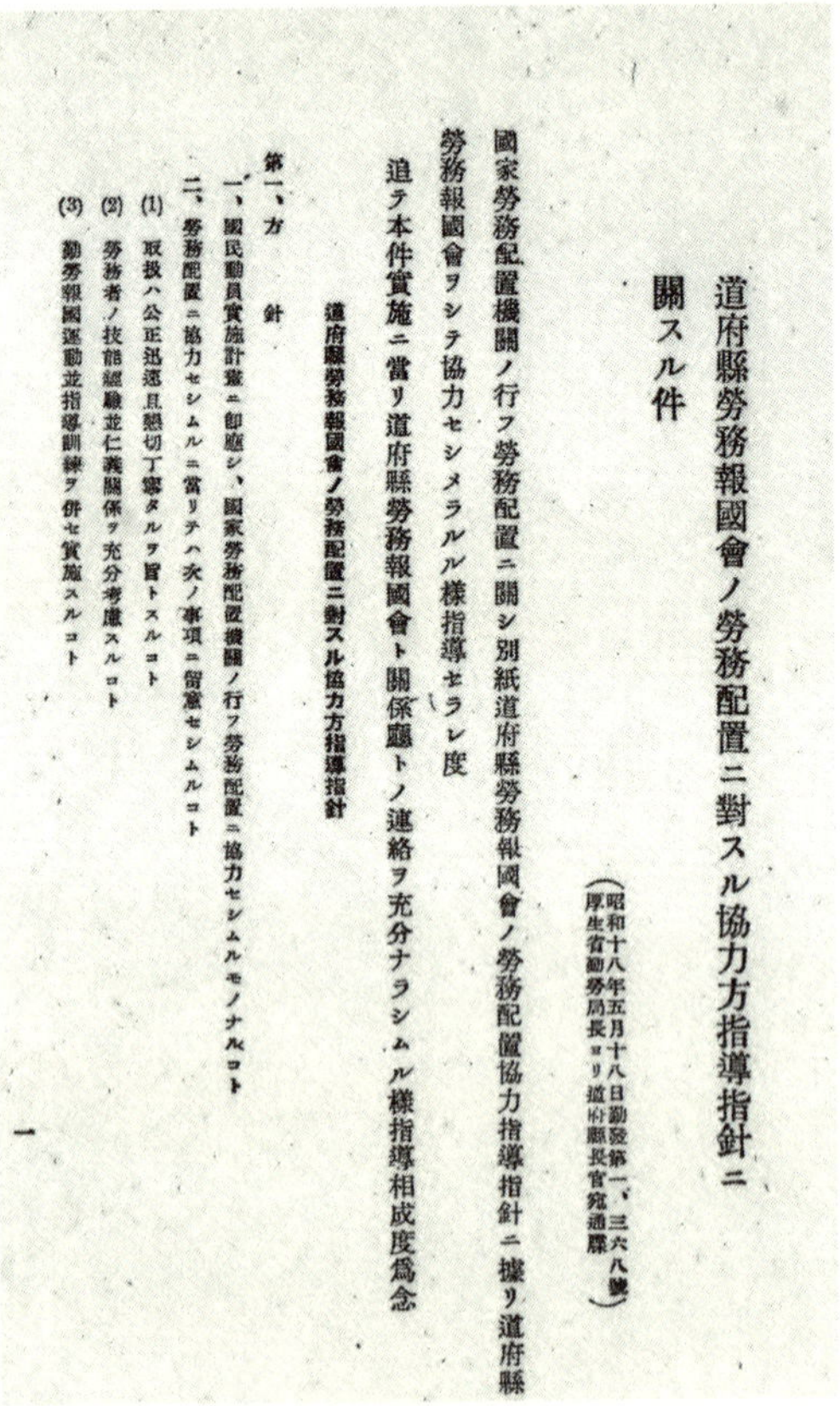
道府縣勞務報國會ノ勞務配置ニ對スル協力方指導指針ニ關スル件

（昭和十八年五月十八日勤發第一、三六八號
厚生省勤勞局長ヨリ道府縣長官宛通牒）

國家勞務配置機關ノ行フ勞務配置ニ關シ別紙道府縣勞務報國會ノ勞務配置協力指導指針ニ據リ道府縣勞務報國會ヲシテ協力セシメラルル樣指導セラレ度

追テ本件實施ニ當リ道府縣勞務報國會ト關係廳トノ連絡ヲ充分ナラシムル樣指導相成度爲念

道府縣勞務報國會ノ勞務配置ニ對スル協力方指導指針

第一、方　針

一、國民動員實施計畫ニ即應シ、國家勞務配置機關ノ行フ勞務配置ニ協力セシムルモノナルコト

二、勞務配置ニ協力セシムルニ當リテハ次ノ事項ニ留意セシムルコト

(1) 取扱ハ公正迅速且懇切丁寧タルヲ旨トスルコト

(2) 勞務者ノ技能經驗並仁義關係ヲ充分考慮スルコト

(3) 勤勞報國運動並指導訓練ヲ併セ實施スルコト

一

労務報国会に「労務配置」（強制連行）ができるようにした厚生省通牒（帝京大学図書館所蔵）

コト」と明記された。「内地関係官庁」とは、日本内地の警察などのことであろう。

労務報国会に労務配置や挺身隊組織を命ずる通牒

吉田清治氏が属した労務報国会について「指揮系統からして軍が（労務報国会に）動員命令を出すことも、（労務報国会の）職員が直接朝鮮に出向くことも考えづらい」（「朝日」2014年8月5日付の検証記事での外村大・東京大准教授のコメント）な

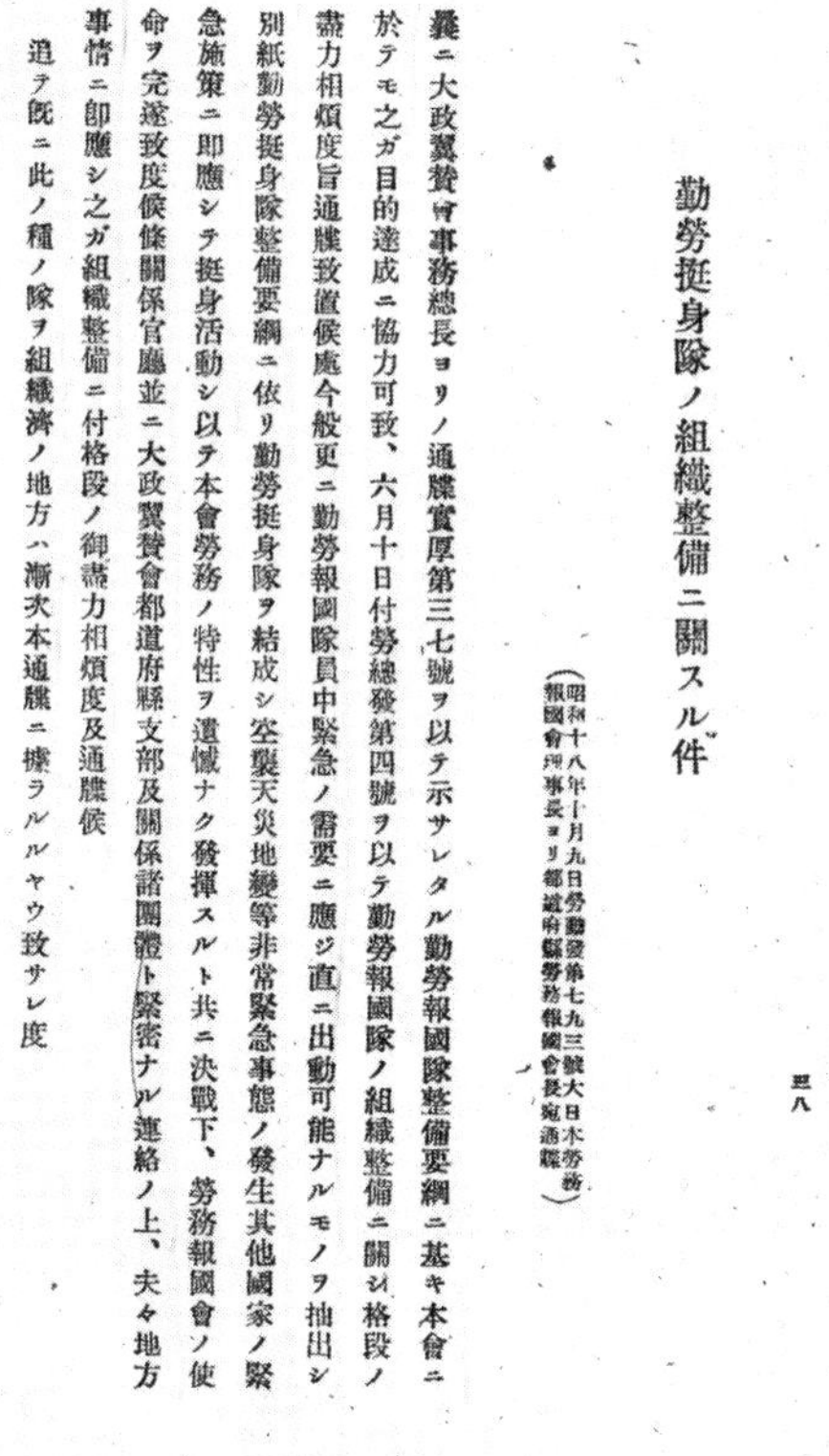
四八

勤勞挺身隊ノ組織整備ニ關スル件

（昭和十八年十月九日勞動發第七九三號大日本勞務報國會理事長ヨリ都道府縣勞務報國會長宛通牒）

曩ニ大政翼賛會事務総長ヨリノ通牒實厚第三七號ヲ以テ示サレタル勤勞報國隊整備要綱ニ基キ本會ニ於テモ之ガ目的達成ニ協力可致、六月十日付勞總發第四號ヲ以テ勤勞報國隊ノ組織整備ニ關シ格段ノ盡力相煩度旨通牒致置候處今般更ニ勤勞報國隊員中緊急ノ需要ニ應ジ直ニ出動可能ナルモノヲ抽出シ別紙勤勞挺身隊整備要綱ニ依リ勤勞挺身隊ヲ結成シ空襲天災地變等非常緊急事態ノ發生其他國家ノ緊急施策ニ即應シテ挺身活動シ以テ本會勞務ノ特性ヲ遺憾ナク發揮スルト共ニ決戰下、勞務報國會ノ使命ヲ完遂致度候條關係官廳並ニ大政翼賛會都道府縣支部及關係諸團體ト緊密ナル連絡ノ上、夫々地方事情ニ卽應シ之ガ組織整備ニ付格段ノ御盡力相煩度及通牒候

追テ既ニ此ノ種ノ隊ヲ組織濟ノ地方ハ漸次本通牒ニ據ラルルヤウ致サレ度

労務報国会に「勤労挺身隊」を組織ができるようにした厚生省通牒（帝京大学図書館所蔵）

どという反論がある。

この外村氏の指摘がいかに的外れかは、先の「通牒」や「要領」でも明らかだが、さらに次のような公文書もある。

厚生省の通牒「道府県労務報国会ノ労務配置ニ対スル協力方指導指針ニ関スル件」（１９４３年5月18日付）である。《資料37》

この厚生省の通牒は、道府県労務報国会が「国民動員（実施）計画」に基づく政府機関の「労務配置」に「協力」するよう命じていた。労務報国会は、当時の厚生省の通牒が道府県を通じて業務を定められるような事実上の厚生省の下部組織・別働隊であった。

また、この点に関連して、１９４３年10月９日の厚生省発と考えられる通牒「勤労挺身隊ノ組織整備ニ関スル件」《資料38》も重要である。労務報国会に対して勤労挺身隊を組織し、「軍ノ緊急要員」などの動員に応ぜよと命じるものである。

同通牒によると、労務報国会が組織する勤労挺身隊の出動は「地方長官（県知事）ノ要請」で県労務報国会が「出動指令」を出すとしている。吉田証言にある「慰安婦狩り」の指揮系統、県知事→労務報国会そのものである。

「朝日」の検証記事は、「女子勤労挺身隊」は「44年8月の『女子挺身勤労令』で国家総動員法に基づく制度となった」などとして、「慰安婦と挺身隊が別だということは明らか」と断定している。しかし、この通牒は、43年10月の時点で、すでに労務報国会が勤労挺身隊を組織できるとしており、「挺身隊」の名で「慰安婦」を動員できるようになっていたことを示している。

では、軍→県知事のルートはどうか。

それを示す文書がある。

元・内務省幹部職員の種村一男氏（故人）が秘蔵していた内務省警保局関連文書だ。国立公文書館所蔵の「種村氏警察参考資料第80集」に収録されている公文書「戦時ニ於ケル警備実施準備ノ為ニスル軍部ト地方庁ノ連絡協調ニ関スル件」（1943年3月）に次のような記述がある。

「最近屡々《しばしば》陸軍司令官（軍、師団等）ヨリ地方長官ニ対シ戦時警備実施ノ準備ニ関スル連絡又ハ防空防衛演習実施等ノ為警察部長其ノ他主任者ノ会同ヲ要望シ来ル向尠《むきすくな》カラズ」云々。

軍→県知事の指揮系統が当時、実態として横行していたことを示している。

「朝日」の検証記事は、この外村大・東京大准教授の不確かな指摘などを列挙して「研究者への取材でも（吉田）証言の核心部分についての矛盾がいくつも明らかになりました」と書いた。それをもって「（吉田）証言は虚偽だと判断」したのだから、本当にどうかしている。

吉田清治氏の長男の発言が物議を醸す

吉田清治氏の長男の発言が物議を醸している。「労務報国会の下関支部は朝鮮人男子の労務というか、下関市内の大工、左官、土木工事の方々を雇って日当で払う仕事の現場監督みたいなも

のですから、従軍慰安婦とは何の関係もない」（『新潮45』２０１６年9月号（Ｐ60））
私はこのコメントを読んで、唖然とした。
労務報国会の構成員は、労働者にあたる「乙種会員」と、使用者にあたる「甲種会員」である。吉田証言の原典『私の戦争犯罪』（三一書房）のＰ１７８に、それを示す「道府県労務報国会会員準則」という公文書が載っている。
そこには「第5条　本会（道府県労務報国会）ハ左ノ者ヲ以テ之ヲ組織ス　1、甲種会員　労務供給業者及日雇労務者ヲ使用シテ作業ノ請負ヲ為スヲ業トスル者　2、乙種会員　前号ノ労務供給業者ノ所属労務者及作業請負業者ノ使用労務者」とある。
この公文書について、吉田清治氏は私に、国会図書館に原本があると証言した（拙著『吉田証言は生きている』Ｐ61、65）。その証言に基づき、私は国会図書館でその存在を確認した。（国会図書館所蔵の冊子『（１９４２年10月）労務報国会関係通牒――厚生省』所収、同冊子には「昭和27年10月1日　鈴木僊吉氏寄贈」のスタンプがある。鈴木僊吉氏は「極秘通牒」を戦後まで秘蔵していた厚生省官僚。詳しくは、共著『「慰安婦」問題の現在』所収の拙稿Ｐ１５２～参照）
長男のコメントは、労務報国会の甲種会員に、日雇い労働者を使用する「請負業者」だけでなく、「労務供給業者」がいたことを無視している。「労務供給業者」とは戦前、若い女性を遊郭などに売り飛ばしたことで有名な「女衒《ぜげん》」や「手配師」、「周旋業者」などのことも指す。だからこそ、戦後の民主化の中でできた職業安定法は、第44条でそれを禁止した。

労務報国会を〝日雇い労働者の現場監督〟だけの組織と描くことほど、その危険な性格を隠す表現はない。

各地の警察署が侵略戦争遂行のために「女衒」や「手配師」を組織するという側面を持っていたのが労務報国会だ。朝鮮人「慰安婦」強制連行に同組織が利用されたのは当然である。

何の裏付けもなく父親の証言を否定してしまう長男を安易に登場させるなど、メディアによる無責任なコメントの垂れ流しは止めてほしいものだ。

補足だが、国会図書館には、「大日本労務報国会要覧」（1943年6月）という公文書集が所蔵されている。その中の「事業計画概要」という表には、労務報国会の事業の（二）として「国民動員ヘノ協力ニ関スル事項」があり、その内容の一つに「労務者供出ヘノ協力（随時実施）」がある。奥付には、発行所・大日本労務報国会の住所として「東京市麹町区大手町1丁目7番地、厚生省内」という記述もある。同会が事実上の厚生省の一機構であり、労務動員の実施機関だという本質を端的に示している。

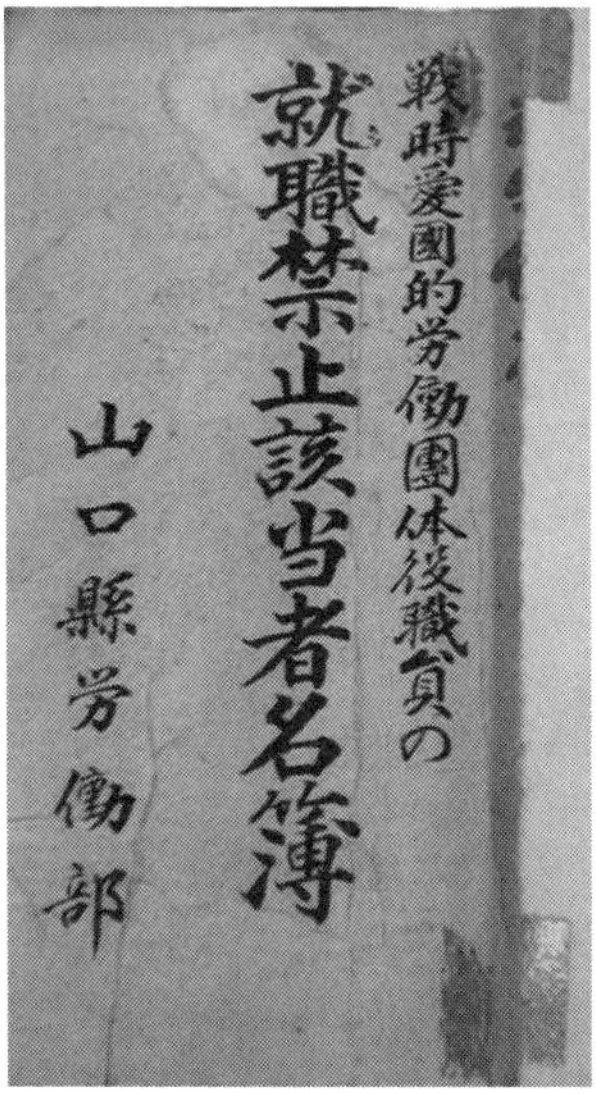

山口県労務報国会の幹部名簿が収録された山口県労働部「戦時愛国的労働団体役職員の就職禁止該当者名簿」（山口県文書館所蔵）

山口県文書館に吉田氏らの名簿存在

最近、筆者は、山口県労務報国会が戦時中、多数の朝鮮人を「乙種会員」にしていたことを示唆する公文書を発見した。山口県文書館所蔵「昭和20（1945）年（山口県）長官事務引継書」に綴じられた同県警察部労政課作成の「昭和20年10月・労政関係事務引継書」である。

そこには「労務報国会ニ関スル事項」という箇所がある。「其会員ハ終戦当時凡《おおむ》ネ6万5千名程度ニ達シタルモ終戦ニ伴ヒ事業場ノ休廃止並ニ鮮人労務者ノ帰還等ニ因リ現在会員総数5千名程度に減少セリ」。「鮮人」とは、朝鮮人の蔑称である。

続けて、この文書はいう。

「終戦前ニ於テハ『労務統制規程』ヲ設ケ之ニ依リ重点的労務配置統制ヲ実施シ主トシテ軍方面ノ要求ニ応ジ」

日本軍の要求に応じた労務者の供出を山口県労務報国会が実施してきたとしている。

全国各地の労務報国会は、戦後直後、米占領軍の民主化措置の一環として、その一部幹部が労働団体の要職から追放された。山口県文書館にはその措置の基礎資料として同県労務報国会の幹部名簿「永久保存・戦時愛国的労働団体役職員の就職禁止該当者名簿（山口県労働部）」が存在する。その中に吉田清治氏と思われる名がある。

数百人に及ぶ名簿を調べていくと、1943年3月1日に山口県労務報国会の「主事」に就任した「下関支部所属」の人物に「吉田」某の名前がある。下の名前が「輝晃」と読めるのだが、本名といわれる「雄兎」になんとなく似通っている。戦犯追及から逃れるための偽名だったのかもしれない。

吉田氏の経歴と上海憲兵隊

吉田氏の著作『朝鮮人慰安婦と日本人』（1977年、新人物往来社）によると、彼は戦中、陸軍航空輸送隊の嘱託だった（P62）。しかし、朝鮮独立運動家幹部を飛行機に乗せた罪で上海憲兵隊に捕らわれる。2年の刑を終えたのが1942年6月。その後、山口県労務報国会下関支部に就職した。時期も矛盾しない。

興味深いのは、満州国官吏→陸軍嘱託→日本軍設立の「中華航空株式会社」上海支社営業所主任、という吉田氏の経歴である。日本の傀儡国家の役人を経て軍嘱託となり、軍の任命で「民

右：山口県労務報国会の幹部名簿。「主事」の「吉田」某氏の名前がある。

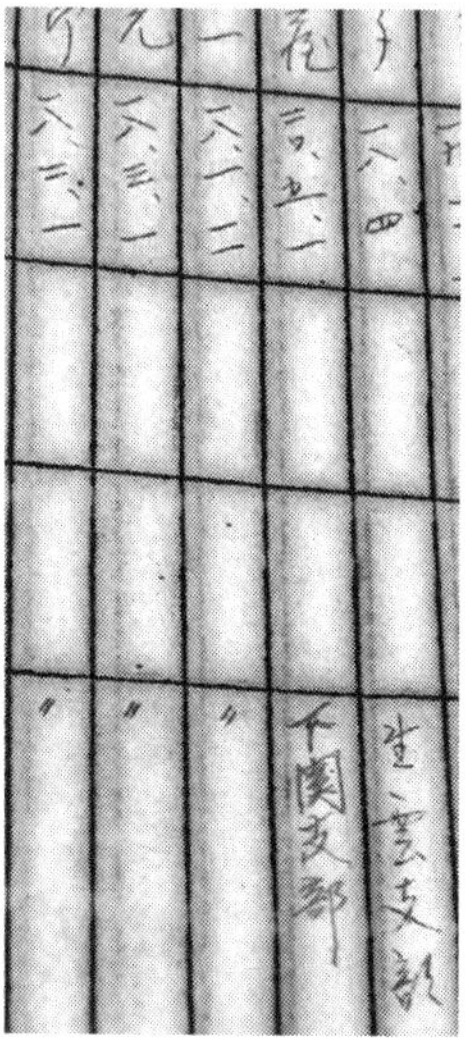

右：「吉田」某氏の名前の下には「就任年月日」や「現に関係する労働に関する団体名及その団体に於ける本人の役職名」がある。（共に山口県文書館所蔵）

間会社」で活動してきたという。しかも軍慰安所設立でも有名な上海の憲兵隊に逮捕されたことだ。

上海憲兵隊については、警察庁が１９９６年12月19日、日本共産党参院議員の吉川春子氏のところに初めて持参した「慰安婦」関連の旧内務省警保局文書を思い出す。（吉川春子『従軍慰安婦――新資料による国会論戦』＝１９９７年、あゆみ出版＝の年表Ｐ２３７参照）

その中の「時局利用婦女誘拐被疑事件ニ関スル件（和歌山県知事）」所収の在上海日本総領事館警察署の文書（１９３７年12月21日付）には次のような記述がある。《資料12》

「皇軍将兵慰安婦女渡来ニツキ便宜供与方依頼ノ件――本件ニ関シ前線各地ニ於ケル皇軍ノ進展ニ伴ヒ之カ将兵ノ慰安方ニ付関係諸機関ニ於テ考究中ノ処頃日来《けいじつらい》当館陸軍武官室憲兵隊合議ノ結果施設ノ一端トシテ前線各地ニ軍慰安所（事実上ノ貸座敷）ヲ左記要領ニ依リ設置スルコトトナレリ」

同要領には憲兵隊の分担として「（イ）領事館ヨリ引継ヲ受ケタル営業主並婦女ノ就業地輸送手続（ロ）営業者並稼業婦女ニ対スル保護取締」とある。

（中国の）前線各地に軍慰安所を設置することを決めたのは、上海の領事館や陸軍武官室、憲兵隊であった。そして、その憲兵隊の分担は、前線の軍慰安所に女性を連行することであった。

日本軍が上海から南京に侵攻し、南京大虐殺事件を起こしたのが１９３７年12月13日の南京占領前後。

そのときの日本軍の強姦事件の多さに国際的な批判が起こり、その「対策」の一つが軍慰安所の設置だったとされる。

南京大虐殺事件の日付と、在上海日本領事館警察署の文書の日付が、ほぼ一致していることがそれを裏付けている。

「支那事変」（１９３７年７月７日発生）、「南京大虐殺事件」（同年12月13日前後）と、中国への侵略戦争の拡大を受け、「慰安婦」に対する軍の需要はいよいよ高まった。

１９３８年１月11日に内務省は、同省の一部を厚生省として独立新設し、「慰安婦」などの動員業務を担当させる。

１９３８年４月１日、国家総動員法を公布した。

さらに侵略戦争が激化する中で、内務省と厚生省の両省が朝鮮人強制連行などの実働部隊として創設したのが、１９４２年９月30日付の依命通牒による労務報国会であった。

それまでの拓務省管轄だった朝鮮総督府は１９４２年11月１日、拓務省廃止に伴い、内務省管轄になった。

内務省警保局傘下の内地警察署の指揮に従う労務報国会の各地方支部は、朝鮮での「慰安婦狩り」の仕事がよりやりやすくなったと思われる。

「外地労務の移入斡旋」を担当

国会図書館で『決戦下の国民運動』（１９４４年11月、思想国策協会発行）という戦時中の官庁情報誌を見つけた。

その中で、「大日本労務報国会では……理事会で左の如く決定した……1、外地労務の移入斡旋を労報が担当することになった」と明記している。

事実は隠してもばれる。

大日本労務報国会の理事長、三島誠也氏は１９４４年2月の講演録『労報の使命』（国会図書館所蔵、鈴木僊吉氏寄贈）で言う。

「労務者の重点的配置動員……此仕事は国家権力を以て為すべき仕事で、政府は厚生省が之を受け持ち、地方庁国民勤労動員署等が其の実行に当るわけであります。然るに厚生省では此仕事の援助者としての役目を労報に扱はしめる事にしました。……労報は政府の指揮に従つて此の実際の仕事に当る事になつたのであります。……此労務の配置動員の事は産報（産業報国会）では全然扱つて居りません」

理事長の三島誠也氏は警視庁警務部長の経歴を持つ警察官僚である。（国会図書館所蔵、「日本警察新聞」１９３２年10月1日付の記事）

他の大日本労務報国会の理事の顔ぶれもすごい。内務省警保局長、陸軍省整備局長、海軍省

兵備局長、厚生省勤労局長。（前出の１９４３年６月の『大日本労務報国会要覧』所収の役員名簿から）

「（日雇労働者の）現場監督みたいなもの」（吉田氏の長男）でないことは明らかだろう。

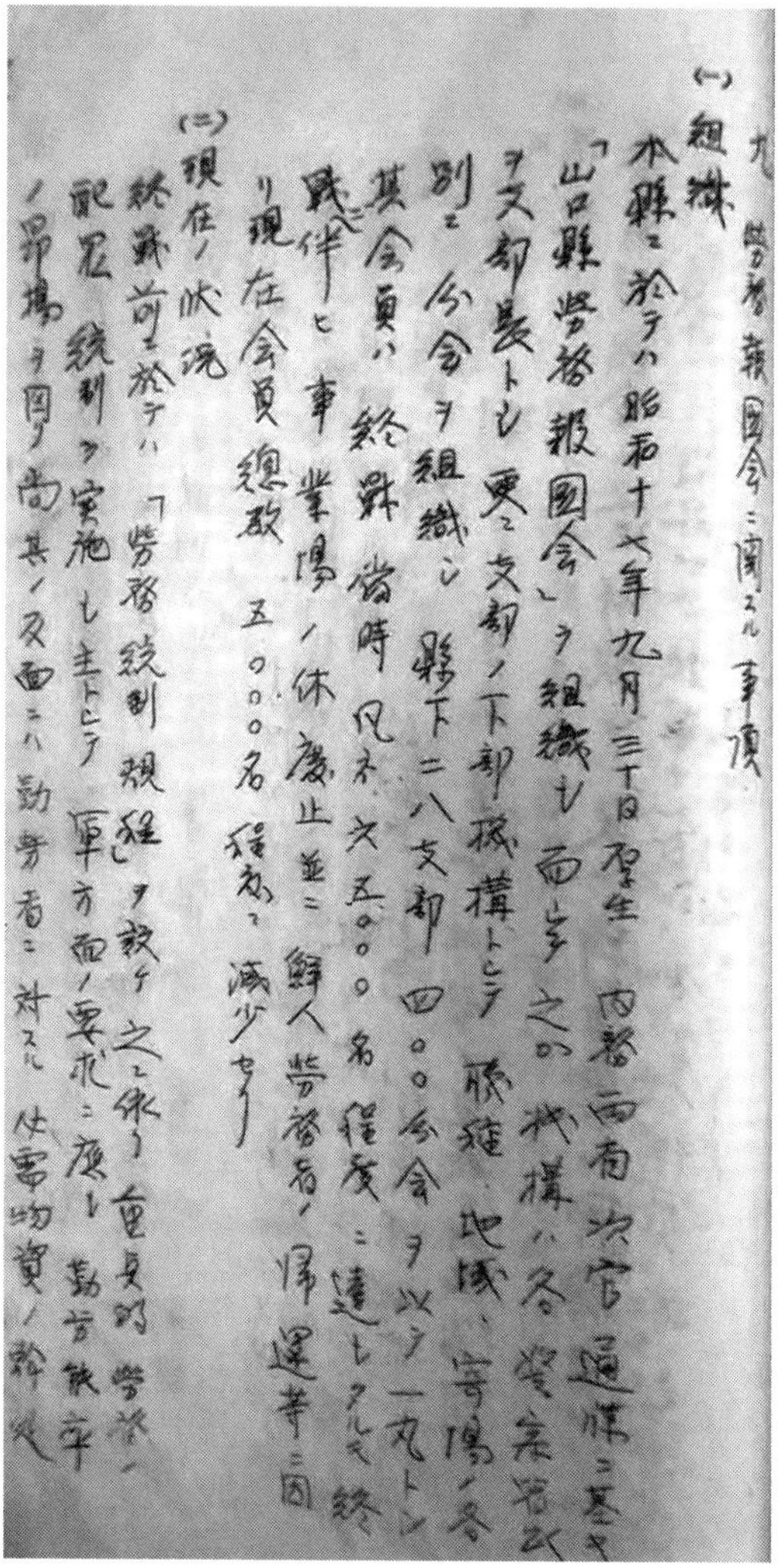
九 労務報国会ニ関スル事項
（一）組織
本県ニ於テハ昭和十六年九月三十日厚生 内務両省次官通牒ニ基キ
「山口県労務報国会」ヲ組織シ而シテ之ガ機構ハ各警察署長
ヲ支部長トシ更ニ支部ノ下部機構トシテ職種、地域、事業場ノ各
別ニ分会ヲ組織シ 県下ニ八支部 四〇〇分会ヲ以テ一丸トシ
其会員ハ終戦当時凡ソ六五〇〇〇名程度ニ達シアルモ終
戦ニ伴ヒ事業場ノ休廃止並ニ鮮人労務者ノ帰還等ニ因
リ現在会員総数 五〇〇〇名程度ニ減少セリ
（二）現在ノ状況
終戦前ニ於テハ「労務統制規程」ヲ設ケ之ニ依リ重要的労務ノ
配置統制ヲ実施シ主トシテ軍方面ノ要求ニ応シ勤労報国
ノ職場ヲ図リ尚其ノ反面ニハ勤労者ニ対スル 生活物資ノ斡旋

山口県労務報国会の会員の多くが朝鮮人だったことを示唆する「昭和20年・長官事務引継書」（山口県文書館所蔵）

労務報国会会員に多数の女性と職員

大日本労務報国会には何人の会員がいたか。

防衛省防衛研究所に「昭和19年（１９４４年）・勤労査察調査関係資料（其ノ１）」という、当時の陸軍省の調査資料がある。１９４４年1月31日当時、乙種会員１８０万人余（うち、女子8万5千人余）。甲種会員28万人余（うち、業主13万3千人、職員15万人）。

労務報国会の乙種会員には女性が８万人余いたことや、職員が甲種会員として15万人もいたことが確認できる。

当時の政府予算書などを見ると同会に多額の補助金も出ていた。

これは民間組織ではない。労務報国会は、戦時中の国の強制連行を担った、民間業者を装う巨大官庁組織だった。

第3章　奥野誠亮氏の死去

極悪人は「墓場まで持って行きたい犯罪」の暴露を極端にいやがる。

その典型が、2016年11月16日に亡くなった奥野誠亮氏ではなかったか。

彼は日本敗戦直後、内務省の公文書焼却を指示した責任者の一人だった。

名簿焼却証言まで取り消す

「朝鮮人強制連行の名簿、知事の命令で焼却——元動員部長が証言」と題し、故・吉田清治氏の証言を載せた朝日新聞1990年6月19日付（大阪本社版）の記事は言う。

「戦前、山口県労務報国会下関支部動員部長として、『徴用』名目で多数の朝鮮人を強制連行した吉田清治さん（76）＝千葉県在住＝が話した。『名簿などの関係書類をドラム缶で焼き、灰はスコップで海に捨てました』。敗戦直後の8月下旬のことだった、という。内務次官の指示に基づき、『記念写真も含め、朝鮮人に関する資料をすべて焼却せよ』という県知事の緊急命令書が、警察署長あてに届いた。吉田さんは丸4日かけて、下関署の裏で、同支部にあった徴用関係書類をドラム缶で焼いた。6千～1万人分の名簿も含まれていた。『強制連行の実態が明らかになると、関係者は戦犯になりかねない。だから、米軍が来る前に、証拠隠滅を図ったわけです。当時は、自分もそれが当然と思っていました』……」

朝日新聞は２０１４年８月５日付の「検証記事」で、この記事を含め、吉田氏関連の16本の記事を取り消した（のちに２本を追加で取り消した）。奥野氏などの有力証言がありながら、この記事まで取り消した朝日新聞の闇は深い。

奥野氏をかつて追及した朝日紙面

奥野氏は１９９６年６月４日、「『明るい日本』国会議員連盟」結成総会後の記者会見で、「従軍記者や従軍看護婦はいたが、『従軍』慰安婦はいない。商行為に参加した人たちだ。戦地で交通の便を（国や軍が）図っただろうが、強制連行はなかった」と発言した。（朝日新聞１９９６年６月５日付）

また、右の記事が掲載された同じページでは、韓国から来日した「慰安婦」被害者の金相喜さん（当時73歳）が「私は15歳で拉致、連行され、日本軍部隊の慰安婦にされた」とのべ、同国会議員連盟事務局長の板垣正参院議員（当時）に会って、厳しく抗議している記事も掲載されている。

金さんは「兵隊と一緒に前線を回った。連れて歩いたのはみんな軍人。慰安所から逃げようとしたら兵士に銃撃された。友人は自殺した。一部の日本人が強制がなかったとか妄言を吐くので、胸の中がかきまわされる思いだ」と発言している。

かつて奥野氏らの姿勢を厳しく追及する紙面を作成していた朝日新聞だけに、最近の同新聞の変節が痛々しい。

読売での居直り証言

読売新聞は2015年8月10日付の紙面で、「占領前　文書焼却を指示」と題する奥野氏のインタビュー記事を、大きく報道した。

その記事で奥野氏は言う。

「(終戦直前、内閣書記官長の極秘要請と、内務次官の命を受け) 内務省地方局戦時業務課の事務官 (現在の課長補佐クラス) だった私が各省の官房長を内務省に集め、終戦に向けた会議をひそかに開いた。……(この会議で) 決めたことは、公文書の焼却だ。ポツダム宣言は『戦犯の処罰』を書いていて、戦犯問題が起きるから、戦犯にかかわるような文書は全部焼いちまえ、となったんだ。会議では私が『証拠にされるような公文書は全部焼かせてしまおう』と言った。犯罪人を出さないためにね」

これは、まぎれもなく奥野氏の居直り発言である。証拠隠滅の最高責任者が「(慰安婦の) 強制連行はなかった」と言っても信用されない。語るに落ちる重大証言であった。

内務省は、同省警保局が日本内地の特高警察などの内地警察を管轄したほか、1942年11

月1日、「内鮮一体」「内台一如」の方針の下、拓務省が廃止され、外地（朝鮮総督府、台湾総督府など）の事務が内務省管理局に移管された。（1980年、大霞会編『内務省史』第3巻P737、同第4巻P768）

こうして、内地警察とともに朝鮮警察も内務省が管轄することになった。内務省は、1937年7月の「支那事変」以降、本格化した朝鮮人「慰安婦」強制連行の実際を最もよく知る官庁になったのである。

奥野氏は先の読売新聞の記事にもあるように、内務官僚として1941年4月に鹿児島県庁に配属され、特高課長（1943年7月1日当時の職員録＝国立公文書館所蔵＝）も務めた。

奥野氏ら内務官僚にとって、加害証言を続ける警察の外郭団体、労務報国会の吉田清治氏が、どれほど目障りだったか、想像に余りある。

「慰安婦」必要論の原型

「明日は戦地に行かなきゃならない、明日の命がどうなるかわからない兵隊さんに、一時の安らぎを与えてくれた慰安婦の方々には感謝すべきだと思います」

これは、『SAPIO』1996年8月7日号に掲載された奥野氏の発言である。「慰安婦」の存在をいつのまにか認めているのには笑ってしまうが、それとは別に、誰かのよく似た発言を思い出す。

そう、あの有名な元大阪市長、橋下徹氏の発言である。

「銃弾が雨嵐のごとく飛び交う中で命をかけて走っていくときに、精神的に高ぶっている集団は、どこかで休息をさせてあげようと思ったら慰安婦制度は必要なのはこれは誰だってわかる」（2013年5月13日、大阪市役所でのぶらさがり取材で。ネットサイト「ハフポスト」同日付ニュースなど）

橋下氏だけではない。「業者責任論」「強制連行否定論」「河野談話否定論」など、いまの歴史修正主義者の主張のほとんどを網羅していることに驚く。

戦時中の戦犯官僚、奥野氏の発想が、彼らに引き継がれている形である。

先の『SAPIO』で奥野氏はさらに言う。

「同時にまた、家庭が貧しいために業者に身売りされたという方もおられるし、業者の甘言に騙《だま》されてそういう世界に入った方もいる。そういう方々への同情は持っています。しかし、だからといって日本の軍隊だけが野蛮で、そういう方々を強制連行して強姦したんだといわれると、そんなことはない、と、私は日本国の名誉のためにいいたい」

この雑誌で質問者が「93年の政府発表で日本政府も軍の要請や関与があったと認めています」と追及した際の奥野氏の回答が面白い。

「河野官房長官の談話ですか？（質問者が「はい」と答えた後で）私は、そのことについて議論したくない。だが、関係者に『それは日本人（加害者）の裏づけも取ったのか』と聞いたら『いや、向こうの方に聞いただけです』と。『それじゃ、裏づけのない話じゃないか』『それは、そうです』といいました。でも、それ以上、議論したくない。皆さんで調べてもらいたい」

雄弁な奥野氏だが、一言足りなかった。「証拠は私が焼却を指示した。だから、記録はないので、調べてもわからないと思うけどね」と。

原文兵衛氏も焼却指示

公文書焼却を指示した内務官僚は奥野氏だけではない。

奥野氏は戦後、ある座談会でこう発言した。

「（終戦直前の政府の会議で）公文書は焼却するとかといった事柄が決定になり……いつ米軍が上陸してくるかもしれないので、その際にそういう文書を見られてもまづ《ママ》いから、一部は文書に記載しておくがその他は口頭連絡にしようということで、小林（与三次）さんと原文兵衛さん、三輪良雄さん、それに私（奥野）の4人が地域を分担して出かけたのです」（1960年9月6日の「山崎内務大臣時代を語る座談会」。DVD-ROM版『「戦後自治史」関係資料集第5集特別資料編』所収）

「公文書焼却4人組」の一人、小林与三次氏は戦後、日本テレビや読売新聞社の社長を歴任し、日本のメディア界を牛耳ってきた人物。三輪良雄氏は戦後、防衛事務次官にまでのぼりつめた。

原文兵衛氏は自民党の長老政治家として参院議長を務めた。ちなみに、原氏は例の「女性のためのアジア平和国民基金（アジア女性基金）」初代理事長である。

奥野誠亮氏が戦中に、鹿児島県の特高課長だったことは先に触れたが、原氏も戦中、同じ鹿児島県の特高課長（1941年7月15日当時の「鹿児島県職員録」＝国会図書館所蔵＝）だった。

原氏の自著『元警視総監の体験的昭和史』（1986年）には次のような記述もある。

「私は昭和16年（1941）年8月25日に鹿児島県警察部に転勤となり、特高課長を命ぜられた。……私が課長を拝命したころの鹿児島県特高課の陣容は……合計21、2人と記憶する。これで左翼、右翼、外事、内鮮、労働、検閲など特高警察といわれるすべてを担当する」

職員録によれば、特高課長としては、原氏は奥野氏の先輩にあたる。

しかし、「アジア女性基金」での活動では、原氏はこうした自らの経歴について沈黙し、「慰安婦」問題について何か他人事のように振る舞っていた。

村山富市内閣（自民・社会・さきがけの連立）の下で、1995年7月19日に発足した同「基金」は、「慰安婦」被害者への国家補償を棚上げした活動として、日韓の市民団体などから厳しく批判された。同「基金」の欺瞞と限界は、こうした原氏の経歴にも原因があるかもしれない。

特高課長の任務

鹿児島県の特高課長がどんなことをやっていたのか。

原文兵衛氏の特高の名前が載っている「鹿児島県職員録」（前出）の「事務分掌」には、「特別高等警察課」の18の仕事が列挙されている。

その中に「在留朝鮮人ノ視察取締ニ関スル事項」がある。

その他、「海外渡航ニ関スル事項」も特高警察の仕事である。

これだけでも、特高警察がやっていた仕事が、朝鮮人「慰安婦」の海外への連行の実態を最も知りうる立場にあったことは間違いない。

次に、さらに詳しく特高の仕事の内容を見て行こう。

１９３９年4月当時の「特高警察例規集」という文書がある。国立公文書館所蔵で、戦後、米国から返還された。特高警察関係の資料は、日本の敗戦直前、奥野氏や原氏など、内務省幹部らによって焼却を指示されたが、それでも米軍が占領時に押収した一部が残っているのだ。

この「特高警察例規集」に「特別高等警察執務心得」がある。

全部で１０２条のうち、第70条から85条が朝鮮人に関するものである。

第70条「在住朝鮮人ニ付テハ其ノ居住地所轄ノ庁府県ニ於テ成ルベク名簿ヲ作成」云々。

特高はすべての在日朝鮮人を監視していた。

第86条以降は、各県の特高が内務省本省に上げる報告の書式だ。

そのうち、第7号様式「内地出入朝鮮人職業別調」の一番左の欄に「接客業者」がある。「接客業者」には別の書式に男女の区別がある。「慰安婦」用の女性も含まれていただろう。「心得」に掲載された第18号様式「朝鮮人（台湾人）職業別調」（半年毎の報告）を見よう。2枚目に「接客業者」があり、男女それぞれの人数を書き込むようになっている。先の第7号様式と合わせ考えれば、「接客業者」に女性も入っていたことになる。

朝鮮人男女の出入国統計を定期報告できたのは「特別高等警察執務心得」第70条に定められた名簿があったからだろう。

共産党員などを「思想犯」として、あるいは、民族独立運動家の朝鮮人を「不逞鮮人」として捕まえ、拷問を加えたりして虐殺もした警察官。特高警察は、だから「日本版ゲシュタポ」ともいわれているのである。

特高警察の公職追放

米国・英国・中国の首脳が「日本の無条件降伏」を求めた1945年7月26日のポツダム宣言は言う。

「10.……戦争犯罪人ニ対シテハ厳重ナル処罰加ヘラルヘシ……言論、宗教及《およ》ビ思想ノ自由並ニ基本的人権ノ尊重ハ確立セラルヘシ……12.前記諸目的カ達成セラレ且《かつ》日本国民ノ自由ニ表明セル意思ニ従ヒ平和的傾向ヲ有シ且責任アル政府カ樹立セラルルニ於テハ連合国ノ占領軍ハ直ニ日本国ヨリ撤収セラルヘシ」（国会図書館ホームページ『日本国憲法の誕生――憲法条文・重要文書』にある外務省日本語訳）

このポツダム宣言を受諾して降伏した日本政府は、米占領軍から次のような指示を受けた。

「特高警察ノ全職員ハ罷免セラルベク且《かつ》如何ナル場合ト雖《いえど》モ人民ニ対シ権力又ハ責任ヲ有スル何等ノ地位ニモ再任用セラルベカラズ」（1945年10月10日付「連合軍最高司令部発日本帝国政府ニ対スル覚書」。国立公文書館所蔵「種村氏警察参考資料」第108集所収）

この特高警察の公職追放が、ポツダム宣言を受け入れた戦後日本の民主主義の原点である。

それにもかかわらず、戦後世界の民主化の流れにあらがい、冷戦構造を利用して、政権与党、自民党の長老に成り上がった男、それが、奥野氏だった。

その奥野氏は、老衰のため103歳で死去した。

産経新聞の記事（デジタル版）によると、2016年年12月12日に行われた奥野氏の「お別れ会」の実行委員長は、現職首相の安倍晋三氏であった。

この産経新聞の記事は言う。

「（奥野氏は）日本人が戦ったのは大東亜戦争であり、GHQが強いた太平洋戦争という呼び名では意味が分からなくなるとして、自虐史観からの脱却を訴えた」

この「訴え」には、日本の侵略戦争や植民地支配への反省や謝罪はない。これが「お別れ会」

実行委員長まで務めた安倍首相の信条とも同じであろうことに慄然とさせられる。

もちろん、奥野氏の死去には、お悔やみを申し上げたい。奥野氏にはぜひ生きているうちに「朝鮮人『慰安婦』を強制連行した大きな責任は内務省にあり、名簿などの焼却を指示したのは、そうした戦争犯罪の証拠を隠すためだった」と罪を認めてほしかった。

第4章　「業者」は初めから軍の偽装請負・手先

「慰安婦」問題の法的責任は「業者」にあり、「国家の行為は……『法的責任』を問うのは難しい」とする朴裕河『帝国の慰安婦』（Ｐ46）が日本の「知識人」には「人気」がある。

だが、業者は日本軍の統制・命令で、「慰安婦」を募集・連行し、軍慰安所を経営したのであり、近代法では、「業者」は軍の一部とみなされ、「慰安婦」の募集・連行の責任は、すべて軍にあることになる。

日本軍が「業者」を偽装する軍指揮下の人物を使ったのは、国家犯罪を隠蔽するためだったのではないか。

戦後の労働法制の民主的改革の一環として制定された職業安定法においては、「業者」が発注元の元請け大企業の指揮下に入れば「偽装請負」となり、「業者」は元請け大企業の一部とみなされ、「業者」の使用する労働者は、元請け大企業が使用する労働者とみなされる。「偽装請負」であることを見分ける決定的指標は、元請企業が「業者」の仕事内容について、指揮命令を行っているのか否かである。

歴史修正主義者の真逆解釈

それを示す有名な公文書が１９３８年3月４日の陸軍省副官の文書「軍慰安所従業婦等募集ニ関スル件」である。《資料15》

これは、吉見義明氏が発見し、朝日新聞が1992年1月11日付で大きく報じた公文書であり、「慰安婦」強制連行問題を論じる際の第一級の基礎資料である。

ところが、朴裕河氏はじめ、業者主犯論を唱える歴史修正主義者は、これをまじめに分析した形跡がない。

この公文書を注意深く読んでほしい。

第1に気づくのは、「慰安婦」募集の主体が「業者」ではなく、通牒の宛先の「北支方面軍」と「中支派遣軍」だということである。「業者」という言葉すらない。募集を担当するのは、現地の日本軍が「募集ニ任スル者」である。

現地の軍が日本内地に送った工作員の多くが、ことさら「軍部了解だ」と広言し女性を誘拐して警察に捕まり、軍の信用を失墜させている。だから、これからは軍が工作員の人選を適切にし、憲兵や警察と秘密裏に連携してうまくやれ、という秘密指令である。実にわかりやすい。

ところが、朴裕河『帝国の慰安婦』は、この公文書の写真だけを掲載。「軍慰安所の従業婦を募集する人物を軍が適切に選定するなど、募集過程で軍の『威信』を害したり、社会問題を起こすようなケースがないようにと指示している」（P27）と、絵解きを書く。これは違うだろうと思う。

朴裕河氏は「軍の希望を直接または間接的に知った業者たちが、慰安婦の『募集』に出た」（P31、32）という業者主犯論で目が曇っているようだ。だから、この公文書も、軍は「慰安婦」を募集する人物が社会問題を起こさないように取り締まったと真逆に解釈してしまう。

朴裕河氏が真逆の解釈をしたのは「募集する人物」を「軍が適切に選定する」としか読まなかったからだ。しかし実際は「軍ニ於テ統制シ之ニ任スル人物ノ選定ヲ周到適切ニシ」とある。「任スル」とは「官職・役目につかせる」こと。すなわち軍が任命した工作員、偽装請負業者だったのである。

下関に来た軍属たち

拙著『吉田証言は生きている』に収録した吉田証言によると、労務報国会が朝鮮から下関に強制連行してきた女性たちは、南方から軍属が迎えに来ていたという（P72〜）。軍属は、兵士を除く軍隊に勤務する者である。軍から給与をもらう者は、民間業者とは呼べない。

第2に気づくのは、「慰安婦」募集で、「軍ノ威信」を保持し「社会問題」を起こさないために、内地の憲兵や警察と連携せよという方策を打ち出していることだ。連携して誘拐などの違法な「募集」を阻止せよというのではない。官憲による強制連行を指示しているのだ。

公文書の文面をまともに読めば、軍の工作員が、憲兵や警察と連携して「募集」をせよ、そうすれば「軍ノ威信」を保持して「社会問題」を起こさないですむから、という指示であることがわかる。

戦時中の内地や植民地で、官憲が軍の工作員（業者を装う）とともに「慰安婦」を「募集」すれば、それは強制連行以外の何物でもなくなる。植民地・朝鮮で村の役人と日本人警察官が「業者」と一緒に家にきて「娘を供出してほしい」と言われれば、断ることはできない。

供出に応じた娘が連行途上で逃げ出せば、官憲は当然、銃剣などで阻止する。そもそも戦時下で軍用輸送機関まで使い、多数の女性を戦地に連行するなど、民間業者にできるわけがない。

警保局長通牒の条件

１９３８年3月4日の陸軍省副官の文書が、軍と「憲兵及警察当局トノ連携」による「慰安婦」募集を指示するのに先立ち、内務省警保局長（現在の警察庁長官に相当）が１９３８年2月23日に出した通牒「支那渡航婦女ノ取扱ニ関スル件」がある。《資料13》

あれこれ条件をつけているが、この通牒は、内地での「慰安婦」の「募集周旋」を「必要已《や》ムヲエザルモノ」とし、「当分ノ間之ヲ黙認スル」と言明している。この理屈で言えば、「黙認」が共犯関係へ進むのに大きな障害はない。軍が「慰安婦」連行を了解していることを広言するなということだけである。

内務省警保局長の通牒は、さらにこの「慰安婦」の「募集」が、陸軍省副官の公文書が恐れていた「軍ノ威信」の毀損だけでなく、「銃後国民特ニ出征兵士遺家族ニ好マシカラザル影響」を与えることや、「婦女売買ニ関スル国際条約ノ趣旨」にも反することを認めている。

「銃後国民特ニ出征兵士遺家族ニ好マシカラザル影響」とは、内地女性を「募集」すると、銃後の内地の国民や遺家族に「聖戦」への道徳的不信が生じるということだ。この通牒での警察の取り締まりの対象は「軍ノ了解」による「醜業婦女」の「募集」の禁止ではなく、「軍の了解」という言葉を禁止したものだったのである。なお、通牒で列挙されている満21歳以上とか、事実上の「醜業ヲ営ム者」とかの条件は、警察の協力があれば、軍の工作員にとって簡単にごまかせたはずである。これらの条件は、そもそも確認が難しい。また、例えば、未成年女子を「挺身隊」とだませば、これらの条件を通過できる。外地に連れ出してから、軍の圧倒的な強制力で「慰安婦」にすればいい。そうした強制に対して、日本語ができない朝鮮人女性は、まともな抗議すらできなかっただろう。

軍や警察が恐れたのは、「慰安婦」の「募集」を「軍ノ了解」や「軍ト連絡」して実施していることが、内地の「銃後国民」に知れ渡ることだけだった。ここから、「募集」にあたる軍の工作員が、あえて「業者」を装った理由が理解できる。しかし、植民地・朝鮮では、そうした偽装は必要ではなかっただろう。植民地には、日本軍兵士の「銃後国民」も「遺家族」も、基本的には存在しなかったからである。

内地と朝鮮に向かうと明記

軍の工作員が「慰安婦募集」のため、内地だけでなく、植民地・朝鮮にも向かっていた事実は、1938年2月7日付の和歌山県知事（警察部長）が出した文書「時局利用婦女誘拐被疑事件ニ関スル件」の中に次の記載がある。《資料12》

在上海日本総領事館警察署（外務省警察の一つ）の公文書「皇軍将兵慰安婦女渡来ニツキ便宜供与方依頼ノ件」（1937年12月21日付）である。

「既ニ稼業婦女（酌婦）募集ノ為《ため》本邦内地並朝鮮方面ニ旅行中ノモノアリ今後モ同様要務ニテ旅行スルモノアル筈《はず》ナルカ之等《これら》ノモノニ対シテハ当館発給ノ身分証明書中ニ事由ヲ記入シ本人ニ携帯セシメ居ルニ付《つき》乗船其ノ他ニ付便宜供与方御取計相成度《かたおとりはからいあいなりたし》」

「業者」は内地でも朝鮮でも、警察署に対しては領事館発給の「身分証明書」を提示し、「募集」の便宜を供与してもらっていたのである。

領事館の「身分証明書」の発給は当然、中国現地の日本軍部隊の「慰安婦」呼び寄せ命令の存在が前提である。朝鮮の「慰安婦」の「募集」も、「軍ノ了解」があり「軍ト連絡」したものだったことは、この公文書でも立証されている。

南支関連の警保局長通牒異文

政府公表資料の中には、手書きの1938年11月8日施行の警保局長名の通牒「南支方面渡

航婦女ノ取扱ニ関スル件」がある。《資料29》

これとは別に、同じ通牒を清書したものをこのほど発見した。（国立公文書館所蔵、「種村氏警察参考資料集第63集」所収の1939年8月、『（内務省）警保局警務課・極秘・支那事変関係通牒集』収録）。《資料30》

手書き版と清書版とは、当然内容がほとんど一致するが、一カ所だけ食い違っている。その該当個所を引用する。

「4、募集――醜業ヲ目的トスル渡航婦女ノ募集ハ営業許可ヲ受ケタル周旋人ヲシテ陰ニ之ヲ為サシメ、其ノ希望婦女子ニ対シテハ必ズ現地ニ於テハ醜行ニ従事スルモノナルコト（ヲ説明セシムルコト＝手書き版にある記述＝）」

清書版（これが正式のものと思われる）では、「ヲ説明セシムルコト」が抜け落ち、意味がまったく違ったものになっている。

おそらく、「募集」の際に「現地では必ず醜業（「慰安婦」）に従事するんだよ」と正直に説明したら、連行すらできない現実を、内務省警保局長も知ったからだろう。

「慰安婦にする」と言わずに連行し、戦地に行けば必ず、「慰安婦にする」とは、おぞましい文書である。

軍の指示を強調する通牒

この警保局長通牒「南支方面渡航婦女ノ取扱ニ関スル件」は、「業者」に対して、日本軍の指示に従えと何度も強調するくだりがある。これも「業者」が、1938年当時から軍の偽装請負というべき存在であったことを示している。

この通牒の最後の方に次の記述がある。《資料30》

「1、抱主タル引率者ノ選定及取扱……引率者（抱主）ハ……軍部ノ証明書ヲ送付スルニ付之《つき》ニ依リ右醜業ヲ目的トシテ渡航スル婦女ヲ密ニ募集スルコト……3、引率者（抱主）トノ契約……其ノ他稼業ニ関スル一切ノ事項ハ現地軍当局ノ指示ニ従フコト……6、慰安所設置場所、監督……其ノ他軍ニ於テ指揮監督スルモノトス」

また、この通牒を発する経過を書いた1938年11月4日の内務省警保局警務課長らの文書「支那渡航婦女に関する件伺」《資料29》には、次の記述がある。

「本件渡航ニ付テハ内務省及地方庁ハ之ガ婦女ノ募集及出港ニ関シ便宜ヲ供与スルニ止メ、契約内容及現地ニ於ケル婦女ノ保護ハ軍ニ於テ充分注意ス」

この二つの公文書を総合して考えれば、「慰安婦」募集とその出港までは内務省・地方庁が管轄するが、出航してからの海上輸送や中国現地での連行、慰安所での処遇はすべて、軍が指示したということがわかる。

ここでも、「業者」は民間を偽装した軍の手先であり、国家機関の一員であったことが浮き彫りになっている。

第5章　国会図書館が「極秘通牒」を内閣官房に提出

国会図書館は、私が発見した同館所蔵の戦中の公文書『労務調整令事務取扱関係通牒集（1）』を2017年6月2日付で、内閣官房副長官補室に提出した。

同館の広報担当者によると、この文書の提出は、内閣官房が国の各機関に「慰安婦」関連資料があったら情報を寄せるよう指示した文書「事務連絡」（1996年7月24日付）によるものであるという。同館は、この「事務連絡」に基づき、「慰安婦」関連資料に該当するかどうかを検討した結果、提出を決めた。

この動きは、「『慰安婦』問題解決オール連帯ネットワーク」（略称「オール連帯」）などの市民団体のねばり強い運動の成果である。この提出は、日本政府が、この公文書を「慰安婦」関係資料として認めたことになり、政府に「強制連行」を認めさせる上で、大きな第一歩になっている。

戦時労務動員の対象に「慰安婦」

この『労務調整令事務取扱関係通牒集（1）』には、1941年12月16日付の「労務調整令ニ関スル件依命通牒」が含まれる。《資料35》

厚生省が、国民学校未卒の年齢14歳以上25歳未満の日本国の女子（内地人女子や朝鮮人女子などを含む）を軍慰安所の「酌婦、女給」に雇い入れる手続きを定めている。私は、この通牒やこれを収録している先の「通牒集（1）」を、一括して「極秘通牒」と呼んでいる。

同通牒は「〇ノ要求ニ依リ慰安所的必要アル場合ニ厚生省ニ稟伺《りんし》シテ承諾ヲ受ケタル場合ノ当該業務ヘノ雇入ノミ認可ス」と書いている。

後で検証するように、「〇ノ要求」とは「軍ノ要求」の隠語である。「稟伺」は、「上司に申し上げて聞く」という意味である。

戦時労務動員の対象業務に、「軍慰安所の酌婦・女給」があったことを示すこの通牒の存在は、日本政府が1998年に復刻本として発行した『政府調査「従軍慰安婦」関係資料集成④』P32とP41の二つの公文書で示唆されていた。

「〇ノ要求」とは「軍ノ要求」

一つ目の公文書は、1943年12月14日付の「行政事務ノ整理簡捷化及中央官庁ノ権限ノ地方委譲等ニ関スル件(閣議決定)」にある「厚生省関係事項」で示された文書である。そこには、「軍慰安所ニ於ケル酌婦女給等ノ雇入就職ノ認可ニ付テノ厚生大臣ヘノ稟伺(労務調整令ニ依ルモノ)――委譲――稟伺ハ之ヲ廃止シ地方長官限リニテ為サシムルモノトス」とある。

この文言は、先の「極秘通牒」のものとほぼ一致している。労務調整令による「軍慰安所ニ於ケル酌婦女給等ノ雇入就職ノ認可」の権限を、これまでの厚生大臣から、地方長官に「委譲」することを閣議決定したことを示す公文書である。これは、「労務調整令ニ依ルモノ」、つまり「極秘通牒」の存在を示唆している。同時に、「極秘通牒」の「○ノ要求」とは、「軍ノ要求」であることを裏付けている。

根拠法令に「極秘通牒」明示

二つ目の公文書は、1944年1月6日付の「第2次許可認可等行政事務簡捷化ニ関スル件（閣議決定）」にある「厚生省関係」の「稟議《りんぎ》事項」で示された文書である。そこには、「（事項）[redacted]慰安所的必要ニ依リ酌婦女給ヲ雇入レノ場合――（根拠法令）昭和16年12月16日厚生省役徴第186号厚生次官ヨリ各地方長官宛通牒――（稟議先）厚生大臣――（申請者）県――（簡素化措置）県内ニ限リ稟議ヲ要セス――（理由）事務ノ敏速簡素ヲ図ル為」とある。

すでに、先の1943年12月14日付の閣議決定文書で、「軍慰安所ニ於ケル酌婦女給等ノ雇入就職ノ認可」の権限は、地方長官（県知事等）に「委譲」するとしているのだから、この措置の実施とは別の文脈で、「県内ニ限（る）」事務とは別に、厚生大臣への「稟議」が必要な事務があったと考えられる。それは、軍の手先の「業者」が直接、植民地・朝鮮に出向いて、「慰安婦」として朝鮮人女子の雇い入れをすることであったのかもしれない。この「業者」が内地に来て、内地に強制連行（移住扱いだった）させられた朝鮮人女性を「慰安婦」として雇い入れる場合は、地方長官（県知事）の権限だけで実施できるようにするものだとも解釈できる。

それはともかく、この公文書は、「慰安婦」の雇い入れの厚生大臣への「稟議」について、その「根拠法令」を「昭和16年12月16日厚生省役徴第186号厚生次官ヨリ各地方長官宛通牒」と書いていることが重要である。

墨で塗りつぶされた部分は、国立公文書館所蔵の原本を透かして見ると、「○ノ要求ニ依リ」と読める。「○」とは、先に見たように「軍」のことである。日本政府は、この閣議決定関連の公文書でも、あくまで、軍と慰安所のかかわりを隠したかったようだ。

通牒名の記号の誤記が判明

ところで、二つ目の公文書に示された「根拠法令」には、「昭和16年12月16日厚生省役徴第186号厚生次官ヨリ各地方長官宛通牒」とあった。「極秘通牒」《資料35》の題名をよく見ると、「昭和16年12月16日厚生省発職第186号厚生次官ヨリ各地方長官宛」とある。ほとんど同じ通牒名なのだが、一カ所が違っている。「厚生省発職」が「厚生省役徴」になっているのだ。

何度も国立公文書館に通い、原本を確かめたが「厚生省役徴」と書かれていることに間違いはない。この公文書が、「極秘通牒」を「根拠法令」としていることに確信を持つには、いま一つ、不安が残った。

その後の調査の結果、私はついに、その不安を解消する公文書を見つけた。

それが、1943年12月10日付の内閣書記官長の各省次官（外務、内務、陸軍、海軍の次官を除く）宛ての公文書「許可、認可、報告其ノ他事務簡素化ニ関スル件」（国立公文書館所蔵の簿冊「昭和18年・公文雑纂・内閣・巻4」所収）である。

その中に「厚生省関係」の「稟議事項」という一覧表があり、その32番に「（事項）○ノ要求ニ依リ慰安所的必要ニ依リ酌婦、女給ヲ雇入レノ場合――（根拠）昭和16、12、16厚生省発職第186号厚生次官ヨリ各地方長官宛通牒――（稟議先）厚生大臣――（申請者）県――（意見）県内ニ限リ稟議ヲ要セス――（理由）事務ノ敏速簡素ヲ図ル為」とある。

この文書は、「地方道府県庁」の要望事項の実施について、「各省次官」に検討せよとする指示文書である。つまり、二つ目の公文書にある「厚生省役徴」とは「厚生省発職」が正しい表記であることが、先行する公文書で判明したことになる。さらに、この1943年12月10日付の内閣書記官長の文書では、「厚生省発職」という文字を、太いインクペンでなぞって強調した形跡がある。よほど、よく誤読された符号だったのだろう。

「極秘通牒」の動員業種に「芸妓」

ついでの発見だが、「極秘通牒」では、「酌婦、女給」だけではなく、「芸妓」も戦時労務動員の対象にあげている。《資料35》

「本令施行ノ際ニ現ニ14年未満ノ仕込中ノモノノ14年トナリタル場合ノミ認可ス」とある。

第7章で詳しく説明するが、「芸妓」もまた、「酌婦、女給」とともに、戦地では「慰安婦」であった。

官憲は14歳からの未成年を、「芸妓」の名で「慰安婦」として戦時労務動員の対象にしたのである。しかも、「酌婦、女給」とともに人数の制限がないので、軍の要求通りの人数を動員したと考えられる。

「官斡旋」という名の強制連行

日本政府が1939年度から始めた「労務動員計画」で、朝鮮人女性を「鮮外」に連行したことは、さまざまな公文書で確認できる。その連行形態は、「女子挺身隊」という名の「官斡旋」方式もあった。

朝鮮総督府『国民徴用の解説――疑問に答へて一問一答式に』（1944年10月30日発行、原文が漢字・ひらがな書き）は、次のように言う。

「今迄朝鮮の女子挺身隊は、みな官の指導斡旋によるもので、内地の最も勤労管理の立派な、施設の整つた飛行機工場等に出してをります」（樋口雄一『戦時下朝鮮人労務動員基礎資料集Ⅲ』2000年、緑蔭書房）

この書籍は、定価80銭で当時、朝鮮で一般に販売されたもので、あくまで実態を美化するための官庁の広告である。同じ時期に朝鮮人男子が、内地の劣悪な鉱山や炭鉱などに連行され、劣悪な労働条件下で強制労働を強いられていたときに、朝鮮人女子だけが「最も勤労管理の立派な、施設の整つた飛行機工場等」で働けるなど、ありえないことだった。それでも、こんなウソの広告をしたのは、朝鮮における女子動員がよほど嫌われていたからに他ならない。朝鮮総督府は、公然とウソをついて、「極秘通牒」に基づき強制連行したのだろう。

日本政府内では「官斡旋ハ徴用ニ準シ官庁ノ責任ニ於テ動員スルモノナリ」(外交史料館所蔵の茗荷谷文書Ⅰ59所収、1944年当時の内務省管理局民政課「朝鮮労務事情」)という公文書さえある。「官庁ノ責任」で動員することが、強制でないはずはない。

夜襲、誘出、人質的掠奪拉致

それでは、労務調整令や「極秘通牒」が実施されていた1942年以降の、朝鮮での「官斡旋」による内地への動員の実態は、どのようなものだったのか。

当時の朝鮮の現地調査をした内務省嘱託・小暮泰用氏の復命書(1944年7月31日付)は言う。《資料40》

「動員ノ実情——徴用ハ別トシテ其ノ他如何ナル方式ニ依ルモ出動ハ全ク拉致同様ナ状態デア

ル　其レハ若シ事前ニ於テ之ヲ知ラセバ皆逃亡スルカラデアル、ソコデ夜襲、誘出、其ノ他各種ノ方策ヲ講ジテ人質的掠奪拉致ノ事例ガ多クナルノデアル」

国民徴用令（1939年7月7日公布）による「徴用」は、法律に基づく動員で、明らかな強制連行であったが、「官斡旋」も「拉致同様」の強制連行だったのである。

官憲による「夜襲、誘出」「人質的掠奪拉致」とは、すさまじい強制連行である。「夜襲」とは、寝込みを襲うことである。

かつて安倍晋三首相は、「慰安婦」の強制連行について、国会で「官憲が家に押し入っていって人を人さらいのごとく連れて行くという、そういう強制性はなかったということではないか」（2007年

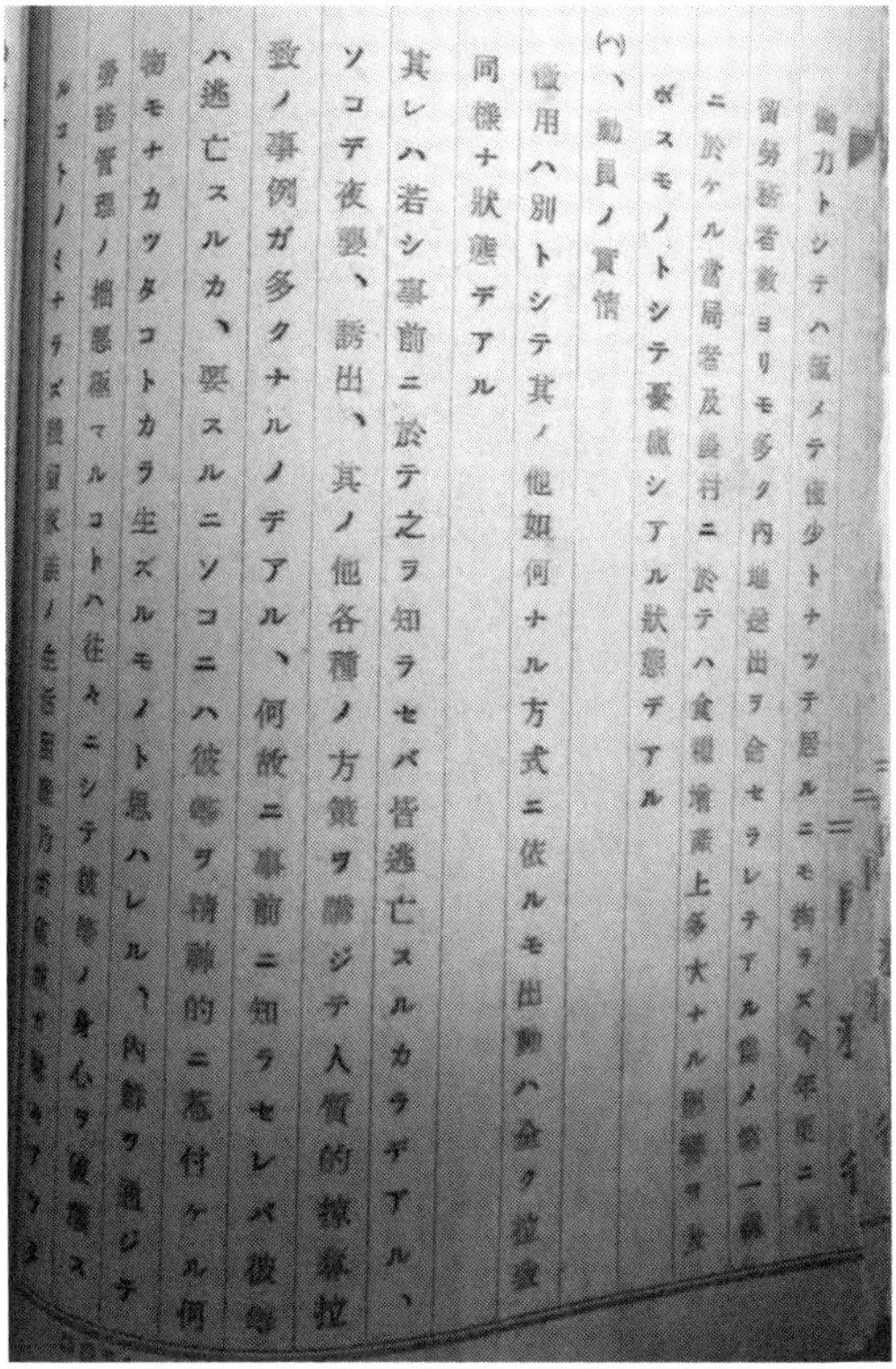
ニ於ケル當局者及銀行ニ於テハ食糧増産上多大ナル影響ヲ
及ボスモノトシテ憂慮シテアル状態デアル
(ハ)、動員ノ實情
徴用ハ別トシテ其ノ他如何ナル方式ニ依ルモ出動ハ全ク拉致
同様ナ状態デアル
其レハ若シ事前ニ於テ之ヲ知ラセバ皆逃亡スルカラデアル、
ソコデ夜襲、誘出、其ノ他各種ノ方策ヲ講ジテ人質的掠奪拉
致ノ事例ガ多クナルノデアル、何故ニ事前ニ知ラセレバ徴用
ハ逃亡スルカ、要スルニソコニハ彼等ヲ精神的ニ惹付ケル何
物モナカッタコトカラ生ズルモノト思ハレル、内鮮ヲ通ジテ

「人質的掠奪拉致」などの強制連行の実態を報告する内務省・小暮復命書（外交史料館所蔵）

3月5日の参院予算委員会での答弁）と発言し、吉田証言を「でっち上げ」などと非難したことがある。

しかし、小暮氏が報告する当時の「官斡旋」による朝鮮人男性の動員は、多くが家に押し入るような「夜襲」や「人質的掠奪拉致」であったのだ。そうであるなら、男性より力の弱い女性に対しての官憲の連行の仕方は、より暴力的だったことが容易に想像できる。

政府公表の公文書「朝鮮総督府部内臨時職員設置制中改正ノ件〔閣議決定〕」（1944年7月12日付。復刻本④P43〜）に付属する「説明資料・第6、経済統制ニ伴フ警察事務ニ従事スル者ノ増員説明」には、当時の朝鮮人女性の動員について、次のような描写がある。《資料39》

「半島ニ於ケル民衆ハ民度低キ為ニ戦時下ニ於ケル労務ノ重要性ニ対スル認識猶ホ浅ク勤労報国隊ノ出動ヲモ斉《ひと》シク徴用ナリト為シ一般労務募集ニ対シテモ忌避逃走シ或ハ不正暴行ノ挙ニ出ズルモノアルノミナラズ未婚女子ノ徴用ハ必至ニシテ中ニハ之等ヲ慰安婦トナスガ如キ荒唐無稽ナル流言巷間ニ伝ハリ此等悪質ナル流言ト相俟ツテ労務事情ハ今後益々困難ニ赴クモノト予想セラル」

強制連行に対して、「忌避逃亡」したり「不正暴行ノ挙ニ出ズルモノアル」ほどの、官憲側の暴力的連行が描写されている。それは、未婚女子にとっては連行されれば「慰安婦」にされると直感するほどの乱暴な連行形態であったのだ。

これを朝鮮人の「民度」が低いだの、「慰安婦」にされるという恐怖の悲鳴を一方的に「荒唐無稽」

だのと非難し、それを「流言」として取り締まったところが、言論弾圧を得意にする日本の官憲らしいところである。

安倍首相は「さきの第一次安倍内閣のときにおいて、質問主意書に対して答弁書を出しています。これは安倍内閣として閣議決定したものですね。つまりそれは、強制連行を示す証拠はなかったということです。つまり、人さらいのように、人の家に入っていってさらってきて、いわば慰安婦にしてしまったということは、それを示すものはなかったということを明らかにしたわけであります」（２０１３年２月７日、衆院予算委員会）とも発言している。

「慰安婦」の強制連行の様子が記述されている政府公表資料まであるのに、そんなものはないと閣議決定するこの国の政府は、いったい、どうなっているのだろうか。

第6章　労務調整令の前身、青少年雇入制限令

第2章で詳しく見たように、植民地・朝鮮で、1940年1月20日、朝鮮職業紹介令が施行され、朝鮮総督府の通牒「朝鮮職業紹介令施行ニ関スル件」（同年1月27日付、内務・警務局長から各道知事宛）で、「芸妓、娼妓、酌婦若ハ之ニ類スルモノノ周旋業」は、「許可官庁ニ於テ特ニ支障ナシト認メラルル場合」、許可されることになった。

この通牒は植民地・朝鮮に適用されたものだが、同時期に、この通牒に呼応するように、日本内地では、青少年雇入制限令が1940年1月31日、公布された。《資料31》

青少年雇入制限令は、特定の条件を満たせば、「年齢12年（歳）以上20年（歳）未満ノ女子」を雇用することができるとした。特定の条件とは「大学、大学予科……又ハ厚生大臣ノ指定スル学校（養成所ヲ含ム）ヲ卒業又ハ修了シタル者……ニ該当セザルモノ」などである（第2条）。

学歴差別で朝鮮人女子に限定

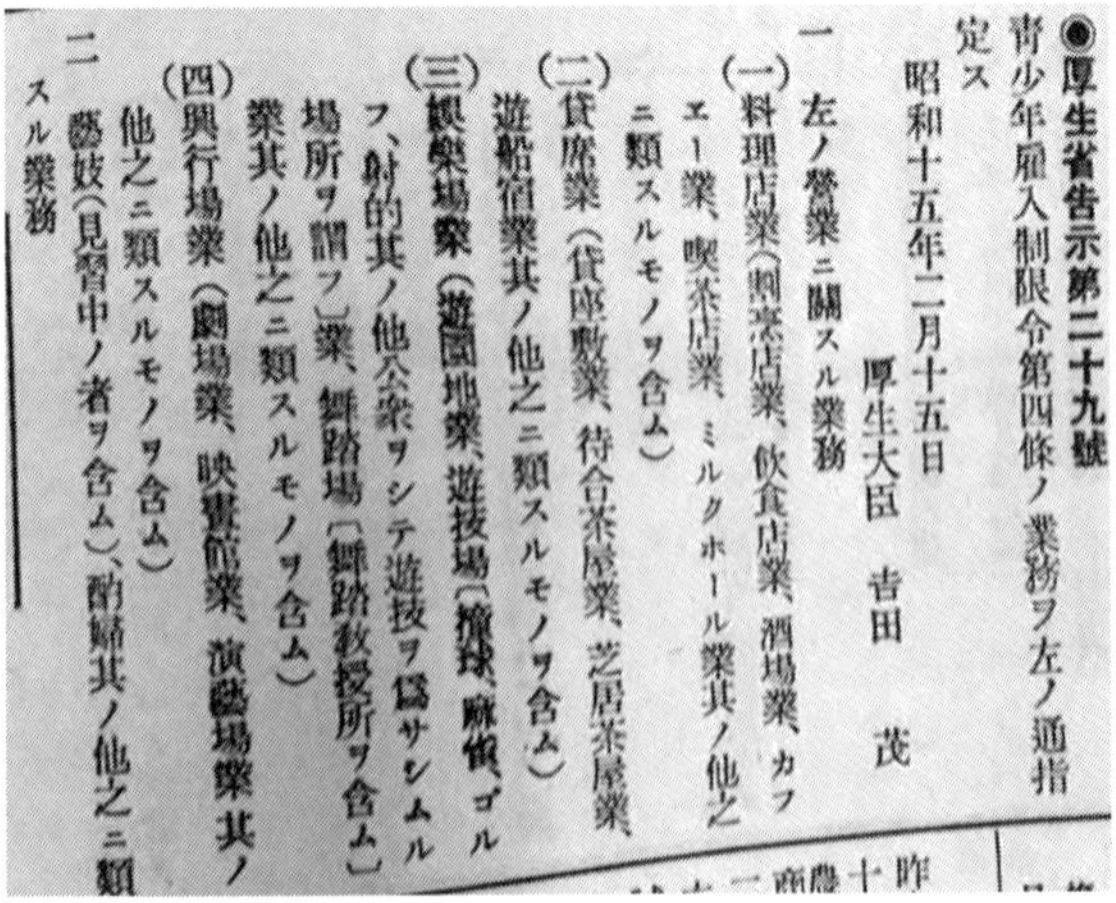
◉厚生省告示第二十九號
青少年雇入制限令第四條ノ業務ヲ左ノ通指定ス
昭和十五年二月十五日　厚生大臣　吉田　茂
一　左ノ營業ニ關スル業務
（一）料理店業（割烹店業、飲食店業、酒場業、カフエー業、喫茶店業、ミルクホール業其ノ他之ニ類スルモノヲ含ム）
（二）貸席業（貸座敷業、待合茶屋業、芝居茶屋業、遊船宿業其ノ他之ニ類スルモノヲ含ム）
（三）娯樂場業（遊園地業、遊技場（撞球、麻雀、ゴルフ、射的其ノ他公衆ヲシテ遊技ヲ爲サシムル場所ヲ謂フ）業、舞踏場（舞踏教授所ヲ含ム）業其ノ他之ニ類スルモノヲ含ム）
（四）興行場業（劇場業、映畫館業、演藝場業其ノ他之ニ類スルモノヲ含ム）
二　藝妓（見習中ノ者ヲ含ム）、酌婦其ノ他之ニ類スル業務

青少年雇入制限令の「指定業務」に「芸妓、酌婦」があることを示す「官報」（国立公文書館所蔵）

ほぼ2年後に制定される労務調整令（1941年12月8日公布）は「年齢14年（歳）以上25年（歳）未満ノ女子ニシテ技能者及《および》国民学校修了者タラザルモノ」（第7条）《資料34》という適用条件を定めている。これは、「慰安婦」にする対象から、内地の日本人女性をほぼ完全に除外するための措置となった。この労務調整令や「極秘通牒」《資料35》と比べれば、青少年雇入制限令の学歴を使った民族差別は、まだ緩い。

日本内地のような義務教育がなかった植民地・朝鮮では「農村ノ婦女子ハ其ノ9割以上ガ殆ンド無教育」（1944年7月31日の内務省管理局長宛の同省嘱託・小暮泰用氏の復命書《資料40》）であった。

そのため、こうした緩い学歴差別であっても、「厚生大臣の指定業務」に就業させられる未成年女子は、限りなく朝鮮人女性が優先されるものになっている。

青少年雇入制限令第12条は「本令ハ朝鮮、台湾、樺太及南洋群島ニ於ケル女子青少年ノ雇入ニハ之ヲ適用セズ」としているが、前記の通牒「朝鮮職業紹介令施行ニ関スル件」と補完し合う形により、日本内地の庁府県の「承認」で日本内地に強制連行（強制移住でもあった）された朝鮮人の青少年

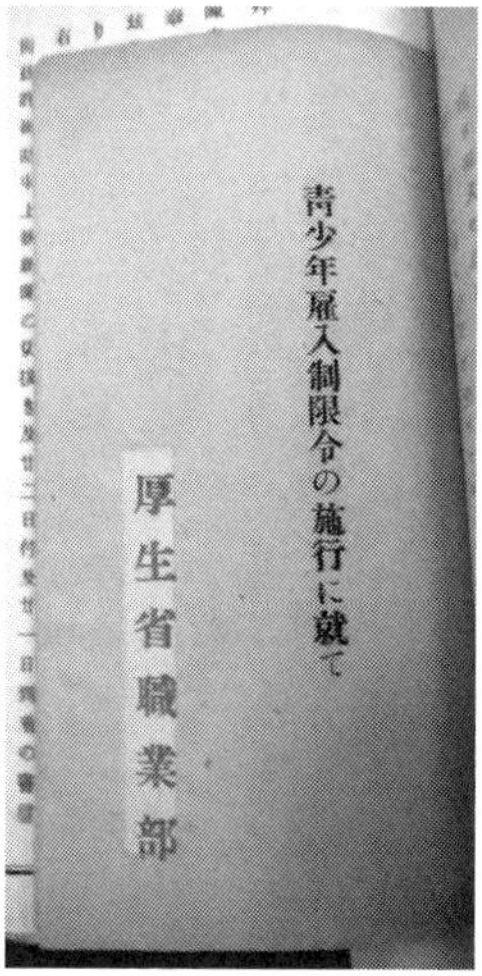

「慰安婦」強制連行の官憲のための手引書『青少年雇入制限令の施行に就て――厚生省職業部』（外交史料館所蔵）

女子を「慰安婦」にするための巧妙な仕組みになった。

「指定業務」に「芸妓、酌婦」

では、その青少年雇入制限令第4条で定める厚生大臣による女子の「指定業務」とは何であったのか。《資料31》

1940年2月15日付の「官報」に掲載された「青少年雇入制限令第4条ノ女子青少年雇入制限業務規定」と題する厚生省告示には、その業務の一つとして、堂々と「芸妓（見習中ノ者ヲ含ム）、酌婦其ノ他之ニ類スル業務」を挙げている。《資料32》

この業務は、日本軍部隊に連行されれば、「慰安婦」と同義になる。

このようにして、朝鮮人未成年女子を主な対象にした「慰安婦」強制連行の仕組みがつくられた。これは、国家総動員法に基づく初の戦時労務動員計画、「昭和14年度労務動員計画」が1939年7月4日に閣議決定されてから、まもなくのことである。

強制連行の官憲の手引書

外交史料館には、この青少年雇入制限令による「慰安婦」強制連行の官憲のための手引書もある。

『青少年雇入制限令の施行に就て――厚生省職業部』と題する冊子である。《資料33》

そこには、新たに「指定業務」(「芸妓、酌婦其の他之に類する業務」等)に「女子青少年」を雇い入れるには、建て前上、1939年12月末時点に比べ、「女子青少年」の人数が7割以下にならなければ補充できないが、それを超えて新たに「女子青少年」を雇い入れたい場合は、国の機関である職業紹介所長の認可があれば、可能であるという説明がある。

制限でもなんでもない法令である。日本軍が当時、中国以南の東南アジアなどへの侵出を狙っていた時期に、国の権限で「慰安婦」をどんどん雇い入れできるようにした、事実上の「慰安婦」強制連行の推進法令であったことがわかる。

未成年の渡航を領事館が許可

1940年以降、中国の日本軍占領地へ一般邦人が渡航することに厳しい制限がある中、青少年雇入制限令適用対象の未成年の朝鮮人女子などが、現地軍の要請を受けた「業者」によって、「慰安婦」として、制限なく渡航できたことを示す公文書も、いくつか存在する。

そのひとつが、1940年5月7日付の閣議決定文書「(極秘)渡支邦人ノ暫定処理ニ関スル件」(外交史料館所蔵、茗荷谷文書J31)である。

その関連文書の「『渡支邦人暫定処理ノ件』打合事項」には、次のような記述がある。

「軍慰安従業婦カ開館シ居ラサル《おらざる》領事館管轄区域ニ渡支セシメントスル場合ニハ軍ノ証明書ヲ最寄《もより》領事館ニ提出シ右領事館ノ警察署ヨリ渡支事由証明書ヲ発給スルコト」

この記述に、説明はいらないだろう。

関連してもう一つの公文書を紹介する。

1941年6月3日に内務省警保局長が外務省亜米利加局長に宛てた文書「渡支邦人暫定処理ニ関スル件」(外交史料館所蔵、茗荷谷文書J32)である。

その中に、「取扱要領」と題する文書があり、次のように書かれている。

「日本内地及外地ヨリ視察ヲ目的トスルモノニ非ズシテ特ニ支那渡航ヲ要スル一般邦人(朝鮮人、台湾籍民ヲ含ム)ニ対シテハ左記ニ該当スル場合ニ限リ居住地所轄警察署長ニ於テ第1号様式ノ渡支身分証明書ヲ発給ス……本邦ニ於テ婦女(芸妓、酌婦、女給等)雇入ノ為一時帰国シタル在支接客業者ニ対シ与ヘラレタル在支帝国領事館発給ノ証明書ニ雇入員数ヲ明記セル場合其ノ員数ニ相当スル被用婦女……青少年雇入制限令ノ適用ヲ受クル者ニシテ雇用セラレテ渡支セントスル者ニ対シ渡支身分証明書ヲ発給セントスル場合ニ於テハ前項ノ証明書ノ他ニ其ノ雇用者ニ与ヘラレタル第8号様式ニ依ル地方長官又ハ職業紹介所長発給ノ証明書ヲ必要トス」

領事館の証明書をもらった「接客業者」が「本邦ニ於テ婦女(芸妓、酌婦、女給等)雇入ノ為一時帰国シ」た場合などに限り、「居住地警察署」は「渡支身分証明書」を発給したのである。

その中には青少年雇入制限令の対象である「本邦(内地と朝鮮など)」で雇い入れられた朝鮮人

未成年女子もいたことがわかる。「婦女（芸妓、酌婦、女給等）」が「慰安婦」を意味することは、もう言うまでもなかろう。

青少年雇入制限令から労務調整令に

朝鮮人女子などの未成年「慰安婦」の中国への渡航を特別に許可する役割を果たした青少年雇入制限令は、約2年後に廃止され、労務調整令に引き継がれることになる。

1942年3月30日に内務省警保局長が外務省亜米利加局長に宛てた文書「渡支邦人暫定処理ニ関スル件中改正ノ件」（外交史料館所蔵、茗荷谷文書J32）は言う。

「本年1月労務調整令ノ実施ニ伴ヒ青少年雇入制限令廃止セラレタルニヨリ今回『渡支邦人暫定処理ニ関スル件』関係手続ヲ改正シ之ヲ別紙写ノ通リ各地方長官宛通牒致置候《いたしおきそうろう》……労務調整令ニ依ル雇入就職制限ノ適用ヲ受クル者ニシテ雇用セラレテ渡支セントスル者ニ対シ渡支身分証明書ヲ発給セントスル場合ハ前項ノ証明書ノ他ニ其ノ被用者又ハ雇用主ニ与ヘラレタル第8号様式ニ依ル国民職業指導所長ノ証明書ヲ必要トス……左ニ該当スル者渡支セントスル場合ハ労務調整令及同関係法令適用ノ有無ニ関シ調査ヲ為スコト……年齢14年以上25年未満ノ女子ニシテ技術者及国民学校修了者タラザルモノ（一般青壮年）」

労務調整令で朝鮮人「慰安婦」増加

最後に、労務調整令が日本人「慰安婦」を制限し、朝鮮人「慰安婦」を増加させるものであったことを示す1943年当時の公文書を示そう。

在海口（海南島）日本総領事館警察署作成の冊子『極秘、昭和18年度（1943年度）・警察事務統計並管内状況』（外交史料館所蔵、戦前期外務省記録D・2．3．0・28、第67巻）である。

その中に次の記述がある。

「朝鮮人状況……海口市及支ノ周辺ニ在留スル者ノ業態モ大体軍慰安所及酌婦等ニ限ラレ……在留邦人暫次増加スルニツレ接客婦女子モ必然的ニ累増ノ趨勢《すうせい》ヲ辿《たど》リ客年末ニ比シ料理店10軒　飲食店10軒ヲ増加セル《せるが》カ之等ハ総テ海口、瓊山地区以外ノ地方ニシテ労務調整令ニ依リ婦女子ノ渡航モ著シキ影響ヲ受ケ本年末現在海口地区芸妓内地人21名　酌婦11名　朝鮮人33名　台湾人19名中国人35名　仲居108名計162名ニシテ殆《ほとんど》ント増減ヲ見サルモ朝鮮人中国人ノ酌婦ハ暫次増加シツツアリ」

敗戦数年前の最も日本軍の出兵が激増したであろうこの時期、日本人「慰安婦」の強制連行をさらに制限し、朝鮮人「慰安婦」の強制連行を劇的に増加させていった労務調整令の罪深さを物語っている。

第7章　発見した1938年当時の外務省関連文書

「これまでに政府が発見した資料の中には軍や官憲によるいわゆる強制連行を直接示すような記述は見当たらなかったという立場を……閣議決定しており、その立場に何ら変更はありません」（安倍晋三首相、2016年1月18日、参院予算委員会）。

日本政府は1997～98年に復刻本として公表した公文書や、民間の研究者らが発見した数多くの公文書が存在するにもかかわらず、閣議決定を「錦の御旗」にして現実から目を背けてきた。

これまでに、1938年の重要な公文書としては、「慰安婦」の渡航を「当分ノ間之ヲ黙認スル」とした内務省警保局長通牒《資料13》や、関連の各県知事報告、内地での「慰安婦」の募集等を「派遣軍ニ於テ統制」するとした陸軍省副官通牒《資料15》が発見されている。

そして今回、外務省の外交史料館（東京都港区麻布台）で私が発見した12点の文書（この章の最後に題名を列挙）は、日本が中国侵略戦争を本格化した直後（1938年当時）の、外務省と在中国日本領事館などとの生々しいやりとりを記したもので、内務省警保局や陸軍省だけでなく、外務省でも、内務省警保局長通牒に関連する公文書がたくさん存在していることを浮き彫りにした。

軍と官憲の関与明らか

暴力や脅しを使って誘拐（強制連行）されたことを警察に訴えても、取り締まるべき警察や憲兵、領事館警察（外務省警察とも呼ばれた）が「業者」とグルになっているのであれば、日本内地、ましてや差別に苦しむ植民地・朝鮮の女性は逃げることはできない。

今回発見した12点の文書は、軍や官憲による「強制連行」の実態を生々しく浮き彫りにするものだ。

1938年当時、日本政府は内地から中国へ連行する「慰安婦」女性について、満21歳以上で、かつ「事実上醜業（売春業）」を営む者などの制限を課していた（1938年2月23日、内務省警保局長）。《資料13》

当時の政府・外務省は1938年5月10日付で、在中国の各領事館に、その制限が現地の実情に合っているか、合っていなければ「手心ヲ加ヘンコトヲ考慮」するとして、実態調査を依頼した。《資料16》

以下に紹介する一連の文書は、その調査依頼に回答したものが中心である。すべての文書には「機密」などと書かれ、政府内での極秘のやりとりであったことがわかる。

内地の親から捜査願

「慰安婦」にされた日本内地女性の家族にとってこの連行は誘拐であり、また、女性本人にとっては詐欺被害であった。そのことを示すのが、1938年7月1日付の在南京総領事の文書で

ある。《資料26》

「内地親元ヨリ捜査願ヒ又ハ本人或ハ親元ヨリカカル醜業不承諾ニヨル帰郷取計ヒ願ヒ等殺到ノ状況」と、内地からの捜査願が南京にまで殺到し、厄介な状況になっていることを訴えている。

しかし、その連行自体、日本軍や政府官憲自らが実施あるいは加担していたものであった。

そのことを示す記述もある。「(この支那渡航婦女については)今日迄ノ処我領事館方面ノ進出ハ軍部方面ヨリ1日遅レタル為自然軍兵站部或ハ軍特務部等各方面ニ於テ随時許可又ハ施設ヲナサシメタル為現在ハ相当障害ニ逢着シ……」(同右文書)といった具合だ。

軍用車に便乗

また、同年6月7日付の在済南総領事の文書には「皇軍ノ徐州占領後特務機関トノ打合セノ結果当館ノ証明アル者ニ限リ5月22日以降同月末迄ニ軍用車ニ便乗南下(徐州入城ハ当分許サレス臨城、克州、済寗ニ止マラシム)シタル特殊婦女数ハ186名ニシテ其ノ他当地ニ待機シ居リ」とある。《資料21》

「慰安婦」集団を「(軍の)特務機関トノ打合セノ結果」「軍用車ニ便乗」させる動きは、民間業者による連行ではないことが明白だ。日本軍と官憲による強制連行そのものである。

日本軍や官憲が誘拐・詐欺の犯人なのだから、いくら捜査願を出してもかなうはずがなかった。

同年6月1日付の在山海関副領事の文書は、そのことを冷酷に、かつ正直に書いている。《資料20》

「支那ニ於テ所謂酌婦ト称スルハ単ニ酒間ヲ斡旋スル婦女ヲ指スニアラスシテ内地ノ娼妓ト同様ノ稼業ニ従事スルモノナルガ内地婦女中ニハ往々ニシテ文字通リ解訳シ漫然渡来シ到着地ニ於テ醜業ヲ強ヒラレ其ノ瞞《あざむか》レタルヲ知リタル際ハ時既ニ遅ク後悔スルモ及ハズ」

「慰安婦」の別名の数々

つまり、「酌婦」とは名ばかり、実態は「醜業」＝「慰安婦」であり、後になってそのことを知っても遅い、と記している。

関連し、この文書が次のように指摘していることも重要である。

「規定年齢（21歳）ニ達セザルモノハ女中又ハ女給ノ身分証明書ヲ持参スルヲ常トセリ」

同年6月25日付の在北京総領事の文書も同様な指摘をしている。《資料23》

「当地ニ於ケル料理店ハ内地ニ於ケル貸席ト同様ニシテ芸妓、酌婦ヲシテ稼業セシムルモノナル……芸妓ノ殆ト大部ハ2枚鑑札ニシテ酌婦ハ内地ニ於ケル娼妓ト同様ナリ来京後此ノ業態ヲ知リ問題ヲ惹起スル事例アリ」

これらは、当時の政府が公文書などで使った「女中」「女給」「芸妓」「酌婦」という言葉が、いずれも「慰安婦」の別名であったことを示すものだ。また、内地女性などが「慰安婦」として中国へ連行される際、引率する「業者」が警察の監視をくぐり抜けるために使った偽りの職業名でもあったことを示している。

兵士70人に1人の酌婦

現地の日本軍が必要とする「慰安婦」の人数・規模を事細かく指示している文書もいくつかある。これも、これらの女性の渡航が現地の日本軍の要求によるもので、官憲がその要求を実現するために率先して動いたことを物語る。事実上の軍の命令である。

同年6月29日付の在青島総領事の文書は言う。《資料24》

「当地海軍側ハ陸戦隊並第4艦隊乗組兵員数ヲ考量シ芸酌婦合計150名位増加ヲ希望シ居リ陸軍側ハ兵員70名ニ対シ1名位

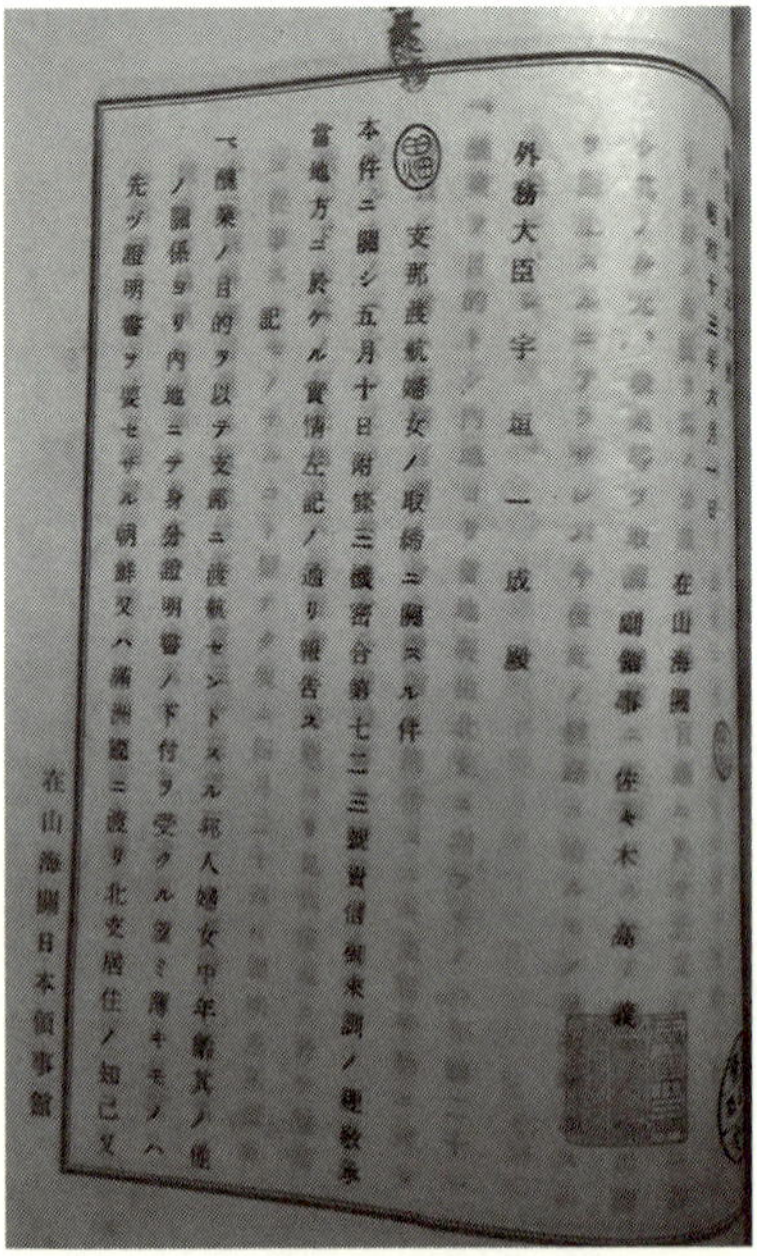

在山海關副領事 佐々木高義

外務大臣 宇垣一成殿

支那渡航婦女ノ取締ニ關スル件

本件ニ關シ五月十日附條三機密合第七二三號貴信ヲ以テ御來訓ノ趣敬承

當地方ニ於ケル實情左記ノ通リ報告ス

記

一、醜業ノ目的ヲ以テ支那ニ渡航セントスル邦人婦女中年齢其ノ他ノ關係ヨリ内地ニテ身分證明書ノ下付ヲ受クル望ミ薄キモノハ先ヅ證明書ヲ要セザル朝鮮又ハ滿洲國ニ渡リ北支居住ノ知己又

在山海關日本領事館

1938年6月1日付の在山海関副領事の文書の1ページ目（外交史料館所蔵）

ノ酌婦ヲ要スル意向」

「芸酌婦合計150名位増加」とは、増加人数のことであり、実際の数はもっと多かったことになる。「兵員70名ニ対シ1名位」とは、なんとも露骨な要求である。

吉見義明氏は著書『従軍慰安婦』（岩波新書、1995年）の中で「（1939年当時）第21軍では100人に1人の割合」（P78）という割合も示し「慰安婦」総数の推計を試みているが、今回の割合はそれより大きいことが注目される。

中国人「慰安婦」も利用

同年5月31日付の在芝罘《しふう》領事の文書では、当時、「邦人」ではない中国人「慰安婦」も日本軍が利用していたことを示している。《資料19》

「当地ニ於ケル邦人側特殊婦女数ハ現在尚不足ノ状況ニ在リ即チ海軍陸戦隊約800名駐屯シ且ツ砲艦モ亦常ニ碇泊シ居ルニ対シ現ニ稼業中ノ者ハ内地人13名鮮人4名計17名……ニテ右ノ外軍医ノ厳重検黴《けんばい》（性病の検査）ヲ経タル支那妓女約60名ニ対シ合格証ヲ交付シ士兵ノ出入ヲ許可シ居ル現状ナリ　尤モ……支那妓女ハ料金モ抑《そもそも》カ低廉ナルト好奇心ヲ唆《そそ》ル等ノ関係モアル次第ニテ必ズシモ人数ニ於テ少キニ過グルニハ非ラストノ見方モ有シ得ベシ」

芝罘では、「邦人（日本人や朝鮮人）」の「慰安婦」は不足しているが、中国人「慰安婦」をたくさん利用できるので、必ずしも「慰安婦」そのものが少ないとはいえないと言っているのだ。
しかし、この文書の表現は、外務省幹部である当時の領事が、いかに下劣極まる人物であったかも示している。

大量の「慰安婦」を移動

同年6月7日付の在済南総領事の文書は、日本軍でしかわからない軍事情報を「(営) 業者」が事前に把握し、大量の「慰安婦」を移動・集結させる行動をしたことをリアルに報告している。

《資料21》

「本年1月当館再開後当地ニ於ケル特殊婦女即チ芸酌婦ノ数ハ皇軍ノ進出ニ伴ヒ逓増《ていぞう》シ来リ……之レ営業者カ皇軍ノ駐屯地目指シテ蝟《い》集シ来ルモノナルコト言ヲ俟《ま》タサルモ先般来某方面ニ於テハ済南ニ於ケル兵数ノ増加ト将来皇軍ノ前進スル場合ヲ見越シテ4月末迄ニハ少ナク共当地ニ500ノ特殊婦女ヲ集中シ置キ徐州攻略後ニ於テ同方面ニ多数ヲ進出セシメ度キ希望モ有リ且又実情已ム得サル次第ニテ前記ノ如キ激増ヲ見タル次第ナリ」

皇軍（天皇の軍隊）とはもちろん日本軍のことであり、ここにある「某方面」もまた日本軍のことだ。その「某方面」が主語になり、「特殊婦女」を当地（済南）に集中しておき、「徐州攻略後」に「多数ヲ進出セシメ度《た》キ希望」があるというのが述語になっている。民間の「業者」が軍の戦闘行動予定を事前に「見越ス」ことなどできない。

そもそも、これら一連の在支公館の文書は１９３８年2月23日の内務省警保局長通牒について、中国での具体的な運用実態を問うたものである。

その通牒には次の記述がある。《資料13》

「前号（醜業）ノ目的ヲ以テ渡航スル婦女ノ……募集周旋等ニ従事スル者ニ付テハ厳重ナル調査ヲ行ヒ正規ノ許可又ハ在外公館等ノ発給スル証明書等ヲ有セス身元ノ確実ナラサル者ニハ之ヲ認メサルコト」

「慰安婦」を連行した「業者」とは、政府公認で在外公館発給の「証明書」つきの「業者」であり、そういう人物が日本軍の特務機関などと打ち合わせをし、軍の具体的な戦闘計画を事前に知って「慰安婦」を動かしたのである。これは「軍や官憲の関与」という軽い印象の犯罪ではない。軍や官憲が主体的に行なった重大な権力犯罪であったことを具体的に示している。

渡航の〝抜け道〟

女性たちを中国に渡航させるための「証明書」についての記述が、同年6月1日付の在山海関副領事の文書にある。《資料20》

「醜業ノ目的ヲ以テ支那ニ渡航セントスル邦人婦女中年齢其ノ他ノ関係ヨリ内地ニテ身分証明

書ノ下付ヲ受クル望ミ薄キモノハ先ヅ証明書ヲ要セザル朝鮮又ハ満州国ニ渡リ北支居住ノ知己又ハ同業関係者等ニ呼寄方ヲ依頼シ北寧線ニヨリ北支へ向フモノ少ナカラズ」

当時、日本内地から戦争状態になっていた中国の日本軍占領地へ渡航するには、居住地の警察発給の身分証明書の携帯が必要だった。これは、植民地・朝鮮から中国へ渡航する場合も同じであった。したがって、文書にある「証明書ヲ要セザル朝鮮」は不正確だ。

ただ、「慰安婦」が朝鮮から中国へ渡航するのに必要な身分証明書は、同年2月23日の内務省警保局長の通牒のような年齢制限などはなかったと思われる。

当時日本は国際連盟の「婦人及児童ノ売買禁止ニ関スル国際条約」（1921年採択）に加入していた。《資料4》

同条約は、仮に本人の承諾を得ていても、「醜業」を行なわせるために20歳以下の未成年女性を国際的に売買することを禁止する内容であった。しかし、日本政府は植民地・朝鮮などへの不適用を一方的に宣言していた。だから、内地並みの年齢制限などを課した「証明書は不要」となるのである。

民族差別の思想

内地から朝鮮へ、あるいは朝鮮から日本の傀儡国家である満州国へ渡航するには、警察の身分証明書さえ不要だった。日本内地や朝鮮の未成年（条約上は20歳以下）の女性を「業者」が中国に連行する際、朝鮮→満州国→支那（中国）のルートが抜け道となっていたことを示す指摘である。

1938年6月1日付の在山海関副領事の文書は続ける。《資料20》

「当地経由北支ニ赴ク婦女中醜業ヲ目的トスルモノ、内ニハ朝鮮人相当多ク其ノ数漸次増加ノ傾向アル処彼等ハ前線ニ活動スルハ勿論都会地ニテモ稼業シ居ル関係ニ顧ミ醜業ノ為渡来スル内地婦女ヲ或ル程度迄制限スルモ左迄《さまで》需要ニ影響スルコトナカルヘシ」

この抜け道を利用すれば、植民地の朝鮮人女性の「慰安婦」への動員が無制限にできることをほのめかし、内務省警保局長通牒で実施された内地女性の渡航制限をある程度実施しても、中国現地の日本軍の「需要」にはさほど影響しないから、制限に「手心ヲ加ヘル」必要はないという趣旨の回答である。

〝朝鮮人女性なら未成年であっても「慰安婦」にしてかまわない〟。こうした民族差別の思想が、戦中の外務省・領事館の官憲の頭に根深くあったことを、この外務省関連の公文書は物語っている。

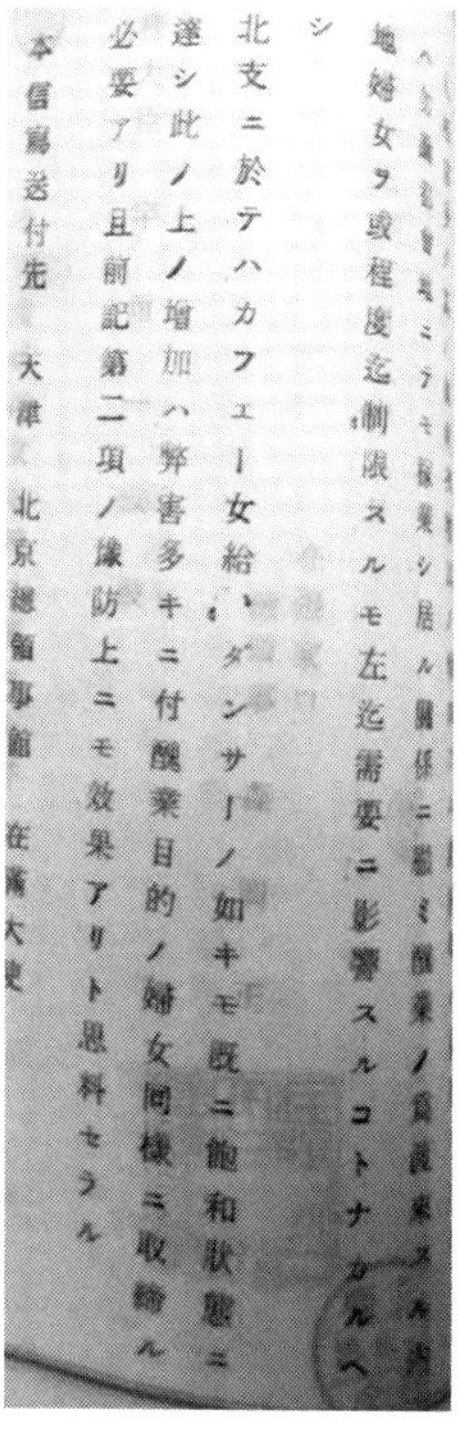
シ居ル関係ニ顧ミ醜業ノ為渡来スル内
地婦女ヲ或程度迄制限スルモ左迄需要ニ影響スルコトナカルヘ
シ
北支ニ於テハカフェー女給、ダンサーノ如キモ既ニ飽和状態ニ
達シ此ノ上ノ増加ハ弊害多キニ付醜業目的ノ婦女同様ニ取締ル
必要アリ且前記第二項ノ[illegible]防上ニモ効果アリト思料セラル
本信写送付先　大津　北京総領事館　在満大使

朝鮮人「慰安婦」が相当多いので内地人「慰安婦」を制限しても「影響」なしとする1938年6月1日付の山海関副領事の文書（外交史料館所蔵）

〝「慰安婦」問題は最終的不可逆的に解決した〟と被害者を無視して一方的に宣言した「日韓合意」に固執し、その「日韓合意」の見直しを唱える韓国の新政権を非難し続ける現在の日本政府の担当官庁は、期せずしてこの外務省である。その戦中の外務省の「慰安婦」関連文書が、同省の図書館である外交史料館で発見されたことに、筆者は歴史の因果を感じている。「慰安婦」強制連行の証拠は、外務省の足元に隠されていたのである。

（参考）筆者が発見した外務省関連公文書12点（巻末に「抜き書き」あり）〈注〉順番は時系列。

①支那渡航婦女ノ取扱ニ関スル件（1938年2月28日　外務大臣→在支各公館長）《資料14》
②支那渡航婦女ノ取締ニ関スル件（同年5月10日　外務大臣→在支各公館長）《資料16》
③支那渡航婦女取締ニ関スル件（同年5月28日　在張家口総領事→外務大臣）《資料18》
④支那渡航婦女ニ関スル件（同年5月31日　在芝罘領事→外務大臣）《資料19》
⑤支那渡航婦女ノ取締ニ関スル件（同年6月1日　在山海関副領事→外務大臣）《資料20》
⑥支那渡航婦女ノ取締ニ関スル件（同年6月7日　在済南総領事→外務大臣）《資料21》
⑦支那渡航婦女ノ取締ニ関スル件（同年6月20日　在山海関副領事→外務大臣）《資料22》
⑧支那渡航婦女ノ取締ニ関スル件（同年6月25日　在北京総領事→外務大臣）《資料23》
⑨支那渡航婦女ノ取締ニ関スル件（同年6月29日　在青島総領事→外務大臣）《資料24》
⑩支那渡航婦女ノ取締ニ関スル件（同年6月30日　外務省条約局長→内務省警保局長）《資料25》
⑪支那渡航婦女ノ取締ニ関スル件回答（同年7月1日　在南京総領事→外務大臣）《資料26》
⑫支那渡航婦女取締ニ関スル件（同年7月14日　外務省条約局長→内務省警保局長）《資料27》

第8章　公文書が示す「慰安婦」強制連行のルートと人数

有名な陸軍省副官の公文書「軍慰安所従業婦等募集ニ関スル件」（1938年3月4日）は、「軍ニ於テ統制シ之ニ任スル人物」、すなわち、日本軍任命の人物が憲兵や警察などと連携して「慰安婦」を「募集」する方針を打ち出している。《資料15》

警察発行「身分証明書」による連行

「募集」のやり方は、「業者」を使った拉致・誘拐・就業詐欺や、「前借金」を親に渡した人身売買もあったが、権力による強制連行であることに変わりはなかった。就業詐欺も連行中に被害者が気づいた段階で、国家権力が逃亡を阻止するので、強制連行である。

日本軍任命の人物は、内地のほか、植民地・朝鮮にも向かったと、当時の公文書は言う。

1937年7月7日の「支那事変」以降、植民地・朝鮮の人も日本内地の人も、中国内の日本軍占領地に渡航するには、地元警察署発給の「渡支身分証明書」が必要だった。《資料11》

当時、日本軍が侵略戦争を仕掛け、次々に占領していった中国各地（前線）への「渡航」を許可された、「芸娼妓」「女給仲居」という職業名の多くの女性たちがいた。一般の日本人がほとんど渡航を禁じられていた時期に、日本内地や朝鮮総督府の警察が特別にそれを許可したのは、この女性たちの名目上の職業名はどうあれ、日本軍の「慰安婦」にする身の上であることを警察当局が知っていたことに他ならない。この時期、日本軍「慰安婦」以外の目的で、「芸酌婦」などの「渡航」を警察が許可したと考えるのは、時空を超えた妄想でしかない。

月三百人超の朝鮮人「慰安婦」連行

このように、当時、警察が特別に許可した日本内地や朝鮮などからの「芸酌婦」などの「渡航」を、「慰安婦」の「渡航」だと考えれば、それを示す多く公文書が存在することに気づかされる。

1937年の「支那事変」後、中国各地の日本軍占領地への渡航を許可する「渡支身分証明書」を、朝鮮総督府の警察から発給された朝鮮人「慰安婦」（統計上の「女給」「仲居」「芸妓」「娼妓」を「慰安婦」として数えた）は、外務省外交史料館所蔵の朝鮮総督府の報告書（茗荷谷文書J41、J42所収）によると、1937年で288人。1938年で1162人（3カ月分の統計が欠落）、1939年で2114人（3カ月分の統計が欠落）に及ぶ。毎月100～200人前後、ときには300人を超える月さえある。（表1参照）

また、同時期に、日本内地の警察署から「渡支身分証明書」を発給された接客業者（初渡航者）は、1937年で508人、1938年で9144人、1939年では8548人にのぼる。（外交史料館所蔵の茗荷谷文書J31所収の「渡支身分証明書発給調」、表2参照）

戦時にあえて渡航許可を与えられた「初渡航者」の「接客業者」とは、日本人女性を中心とする「慰安婦」であろうことは想像に難くない。また、「再渡航者」の「接客業者」とは、日本

（表1）朝鮮総督府警察署の「慰安婦」に対する「渡支身分証明書」発給数

〈注〉外交史料館所蔵の茗荷谷文書J41、J42の拓務省や朝鮮総督府の統計から。

「ー」は、統計が欠落。統計上の「女給」「仲居」「芸妓」「娼妓」を「慰安婦」として数えた。

		内地人	朝鮮人
1937年	9－12月	13	288
1938年	1月	17	118
	2月	29	243
	3月	60	169
	4月	45	155
	5月	41	97
	6月	30	119
	7月	20	76
	8月	ー	ー
	9月	ー	ー
	10月	ー	ー
	11月	21	95
	12月	43	90
小計		306	1,162
1939年	1月	32	140
	2月	52	220
	3月	ー	ー
	4月	37	376
	5月	32	381
	6月	40	276
	7月	20	212
	8月	14	182
	9月	21	217
	10月	ー	ー
	11月	ー	ー
	12月	35	110
小計		283	2,114
37～39年までの合計		602	3,564
1941年	下半期	48	464
1942年	上半期	53	497
41年下半期・42年上半期の合計		101	961

（表2）日本内地警察署の「慰安婦」に対する「渡支身分証明書」発給数

〈注〉外交史料館所蔵の茗荷谷文書J31所収の「渡支身分証明書発給調」から。

接客業者のうち、初渡航者が、事実上の「慰安婦」、再渡航者が「業者」と考えられる。

		接客業者（初渡航者）	接客業者（再渡航者）	小計
1937年	11月中	259	195	454
	12月中	249	89	338
	小計	508	284	792
1938年	1月中	558	135	693
	2月中	989	58	1,047
	3月中	886	139	1,025
	4月中	614	44	658
	5月中	632	51	683
	6月中	585	37	622
	7月中	624	41	665
	8月中	658	57	715
	9月中	704	53	757
	10月中	859	68	927
	11月中	739	51	790
	12月中	1,296	46	1,342
	小計	9,144	780	9,924
1939年	1月中	736	41	777
	2月中	938	35	973
	3月中	1,139	58	1,197
	4月中	821	56	877
	5月中	834	84	918
	6月中	645	57	702
	7月中	490	43	533
	8月中	626	55	681
	9月中	673	73	746
	10月中	665	91	756
	11月中	548	55	603
	12月中	433	68	501
	小計	8,548	716	9,264
37～39年の合計		18,200	1,780	19,980

（表3）台湾総督府警察署の「慰安婦」に対する「渡支身分証明書」発給数

〈注〉外交史料館所蔵の茗荷谷文書J41、J42の台総督府の各州・庁の統計から。

統計上の「酌婦」「芸妓」「娼妓」「軍慰安所関係」「南支慰安所就業婦」などを「慰安婦」として数えた。

「—」は統計が欠落。台湾総督府警察署発給の「渡支身分証明書」は、正式には「身分証明書」あるいは「外国旅券」であるが、ここでは、《資料11》の趣旨から、この名称を使った。

		内地人	朝鮮人	台湾人
1938年	1月	—	—	—
	2月	—	—	—
	3月	—	—	—
	4月	3	—	—
	5月	—	—	—
	6月	—	—	—
	7月	1	16	—
	8月	—	—	—
	9月	—	—	—
	10月	11	5	6
	11月	186	97	126
	12月	283	176	26
小計		484	294	158
1939年	1月	213	29	48
	2月	258	15	123
	3月	170	13	51
	4月	155	21	94
	5月	109	6	70
	6月	41	3	26
	7月	97	67	65
	8月	124	36	62
	9月	79	35	71
	10月	66	36	47
	11月	70	136	78
	12月	72	151	41
小計		1,454	548	776
38～39年の合計		1,938	842	934

内地に「募集」にきた前線の日本軍部隊が任命した人物（いわゆる「業者」）であろう。ほぼ10対1という「初渡航者」と「再渡航者」の割合もそれを示していると考えられる。

日本内地の「慰安婦」の「募集」では、日本政府は極力、「軍ノ了解又ハ之ト連絡アルガ如キ言辞」《資料13》の露見を恐れたので、内地の統計文書では、あえて「接客業者」という言葉を選んだものと思われる。ただ、一般の接客業者の渡航者数なら、わざわざ、その業種だけを統計にとる必要はない。こういう「接客業者」の戦地への渡航統計が存在すること自体が、「慰安婦」の「募集」の許可に内地警察が加担していた証拠でもある。

台湾総督府の警察署が発給した「渡支身分証明書」の同時期の統計もある。（外交史料館所蔵、茗荷谷文書J41、J42所収。表3参照）

主に南支方面への「慰安婦」の渡航が計上されているが、ここには、植民地の台湾人の女性が内地人や朝鮮人の女性とともに計上されている。それによると、南支方面への日本軍の侵出に伴い、1938年11月以降、本格的な動員が始まっている。1938年の合計では、内地人484人、朝鮮人294人、台湾本島人158人である。1939年には、内地人1454人、朝鮮人548人、台湾人776人となり、台湾人「慰安婦」の増加率が目立つ。

台湾総督府の「渡支身分証明書」の統計で特徴的なのは、朝鮮総督府のそれと同じく、職業に「酌婦」「芸妓」「娼妓」という「慰安婦」を指す名称を使っているだけでなく、場合によっては「軍慰安所関係」「南支慰安所就業婦」など、そのものずばりの職業名を書いた統計もあることだ。日本内地や朝鮮の警察と違って、距離的にも遠い台湾では、「接客業者」などと軍との関係をぼかす言葉を使う必要がなかったからと考えられる。

三つの文献が示す「慰安所」への連行

1938年からの「接客業者」や「芸娼妓」「女給仲居」などの女性の中国の最終渡航先が、前線の日本軍部隊の「慰安所」であったことは、1938年の陸軍省副官通牒（3月4日）や二つの内務省警保局長通牒（2月23日と11月8日）の三つの文献を一体のものとして考えれば、さらに明らかになる。《資料13、15、30》

3月4日の通牒は、「北支方面軍」と「中支派遣軍」宛てに「支那事変地ニ於ケル慰安所設置ノ為ノ「従業婦等」の募集について「派遣軍ニ於テ統制」するというもので、女性たちの行先が「慰安所」であることを明示している。

ところが、先行する2月23日の内務省警保局長通牒は、「醜業ヲ目的トスル婦女ノ渡航」を「当分ノ間之ヲ黙認」するとしながら、「婦女」の行先をあえて書いていない。これは、陸軍省副官通牒にいう「（軍が募集等に任ずる人物は）憲兵及警察当局トノ連携ヲ密《ひそか》ニシ」云々の趣旨と、内務省警保局長通牒のいう「軍ノ了解又ハ之ト連絡アルガ如キ言辞……ヲ弄スル者ハ総テ厳重ニ之ヲ取締ル」云々の趣旨からして、当然であろう。

だが、内務省警保局長通牒は、「北支、中支方面ニ向フ者ニ限リ」と明記し、「婦女」の行先が、陸軍省副官通牒にいう「北支方面軍」と「中支派遣軍」の「慰安所」と一致する。

この先行する二つの文献が、同じ日本軍「慰安婦」の「募集」についてのものであることをはっきりと示すのが、同年11月8日の内務省警保局長通牒と、その関連文献である同年11月4日の「支那渡航婦女ニ関スル件伺《うかがい》」である。《資料29、30》

11月4日の文献には、南支派遣軍の久門有文氏が内務省を訪れ、「醜業ヲ目的トスル婦女」約4百名の「南支派遣軍ノ慰安所」への派遣の斡旋を警保局長宛てに要請している。そのときの久門氏の名刺も添付されている。

その名刺の裏書きの文面は次の通り。

「娘子軍《じょうしぐん》約5百名広東ニ御派遣方御斡旋願上候」

なお、「娘子軍」とは、「慰安婦」の隠語である。

また、11月8日の通牒は「支那渡航婦女ニ関シテハ本年2月23日内務省発警第5号通牒ノ次第モ有之《これあり》候処南支方面ニ於テモ之等醜業ヲ目的トスル特殊婦女ヲ必要トスル模様」と書き、南支への「特殊婦女」も1938年2月23日の警保局長通牒と同じ趣旨としている。つまり、この通牒は、「特殊婦女」（慰安婦）を軍の「慰安所」で働かせることを隠しておらず、2月23日の警保局長通牒も、「慰安婦」の「募集」についての文献であったことを、はからずも明らかにしてしまっている。

この三つの文献は一体のものであることが判明した。その結果、1938年からの警察がかかわった内地人や朝鮮人、台湾人の「醜業ヲ目的トスル婦女」の渡航先がすべて、中国内の日本軍部隊の「慰安所」であったことを疑問の余地なく示している。

朝鮮人「慰安婦」6430人存在

外交史料館所蔵の『秘・昭和15年（1940年）、外務省調査局・海外在留本邦人調査結果表』（戦前期外務省記録K．3．7．0・7第16巻所収）によると、中国（「満州国」を除く）各地の日本軍占領地の「旅館、料理、貸席及芸妓業、遊戯場、興業場」の「其ノ他ノ従業員」のうち、「朝鮮人・女」は6430人。他の類似の統計と比較検討すると、これが1940年当時の中国に在住する朝鮮人「慰安婦」に相当すると思われる。

6430人はあくまでその時点で「慰安婦」を「稼業」していた女性の人数であり、連行途中で自殺したり、連行途上や慰安所から逃亡を試みて銃殺されたり、あるいは、性病などで「廃業」したりした人数などを含めると、その時点までの実際の動員数は大きく膨らむだろう。

1937年7月「支那事変」発生から2年数カ月で、6400人を大きく超える朝鮮人女性が強制連行され、「慰安婦」にされたのである。

同統計には、同じ業種の「内地人・女」として、1万4554人が計上されている。これが同時期に中国に存在した日本人「慰安婦」の人数と思われる。ただ、1940年当時の朝鮮人女性の人口は1206万人（国勢調査）で、日本人女性の人口は3654万人（同）である。人口比では朝鮮人女性対日本人女性は1対3だが、「慰安婦」では1対2・26となり、「慰安婦」にされた人数の割合は、朝鮮人女性の方が日本人女性より大きい。

1936年末の「満州」に1万人余

ここで、断っておきたいが、「慰安婦」の動員は、1937年7月7日の「支那事変」が初めではない。この戦争が始まる以前の1936年末時点で、日本の傀儡国家「満州国」には、在満29公館（日本の領事館等）の総計で、1万1407人の「特殊接客婦女」と呼ばれた日本軍「慰安婦」が存在した。（外交史料館所蔵、戦前期外務省記録D．2．3．0・28第60巻所収の在満日本帝国大使館警務部「全満芸酌婦其他特殊接客婦女表・昭和11年末現在」）

その内訳は、芸妓2272人、酌婦3145人等となっている。内地人と朝鮮人等の区別はないが、芸妓はほとんどが内地人で、酌婦は朝鮮人の場合が多いとの数字が、より小規模な地域の統計ではいくつかある。芸妓と酌婦の人数は、ほぼそのまま、内地人と朝鮮人の人数である可能性が高い。

いずれにしても、朝鮮人女性を含む1万1407人の「慰安婦」が「支那事変」以前に、すでに中国の東北部に存在したわけである。「慰安婦」の病気・死亡などによる「交代率」を考えれば、1931年9月18日の「満州事変」(中国東北部への侵略戦争)から約5年を経た時点までの総動員数は、その数倍にのぼっていたはずである。

こうした「満州国」への朝鮮人「慰安婦」の動員は、次にのべるように、朝鮮の警察署の「渡支身分証明書」が不要だったこともあり、統計から欠落している可能性が大きいことを留意しておきたい。

7割超が「抜け道」を利用

今回、筆者が発見した1938年当時の「慰安婦」問題の外務省関連公文書と同じファイル(外交史料館所蔵、茗荷谷文書B504)には、「日本及満州国方面ヨリノ本邦人ノ北支方面入国者職業別統計」(1937年9月1日~38年4月末日)と題する統計がとじられている。

これによると、「満州国」経由という「抜け道」を使った「慰安婦」強制連行の人数は、全体の7割超にのぼることがわかった。(表4参照)

いくつかの外務省関連公文書は、中国での「酌婦」「芸妓」「女給」「女中」「仲居」などの名義が、日本内地と違い、「醜業を目的とする婦女」を意味していることを強調している。この五つの業種は、その後、外務省の公文書で「特殊婦女子」と定式化され、日本軍の「慰安婦」を意味する

（表４）北支方面へ渡航する「慰安婦」の７割が山海関経由の「規制の抜け道」を利用

（１９３７年９月から８カ月間）

〈注〉①のデータは、外交史料館・茗荷谷文書Ｂ５０４所収の「日本及満州国方面ヨリノ本邦人ノ北支方面入国者職業別統計」（１９３７年９月～38年４月末）から。①②いずれも、「女給」「女中」「仲居」「芸妓」「酌婦」を「慰安婦」として計上。②のデータは、外交史料館・茗荷谷文書Ｊ39所収の１９３７年８月１５日～38年４月中の各月毎の在山海関副領事の報告から。在山海関経由の渡支数を、すべて北支方面への渡航者とした。③の「その他」の人数は、「全ルートの合計」から「山海関経由」を差し引いたもの。

①邦人「慰安婦」の内地・朝鮮・「満州国」から北支方面への渡航数

女給	1,067	
女中	631	
仲居	979	
芸妓酌婦	3,769	
（計）	6,446	

②邦人「慰安婦」の山海関経由（「満州国」経由の北支への渡航数

女給	606	
女中	421	
仲居	349	
芸酌婦	3,278	
（計）	4,654	

③北支方面へのルート別「慰安婦」渡航数の内訳

		①に対する割合
全ルートの合計	6,446	100.0%
山海関経由（満州国経由）	4,654	72.2%
その他（日本内地や大連の港から北支へ）	1,792	27.8%

ことを明確化していく。(外交史料館所蔵・茗荷谷文書J32の1940年5月24日の在石家荘領事館の文書など)

これを考慮して先の統計を分析すると、「日本」(植民地・台湾を除く日本内地と植民地・朝鮮)や日本の傀儡国家・「満州国」から、「北支(中国北部)方面」に入国した「慰安婦」の合計人数は、37年9月からの8カ月間で6446人にのぼる。(表4参照)

ほぼ同時期(1937年8月15日~38年4月末)の山海関経由の「支那(事実上の北支方面)」への渡航数の職業別内訳の統計もある。(外交史料館所蔵、茗荷谷文書J39所収)

同統計によると、山海関を経由した例の5つの業種(「慰安婦」)のほぼ同時期の「北支」への渡航数は4654人(全体の72・2%)になる。

山海関は当時、「満州国」と中国(「支那」)の国境に位置する中国側の町であり、鉄道に乗って「満州国」から中国へ渡る同国の玄関口であった。このため、同館所蔵の中国への「邦人(当時の日本内地と植民地の住人を意味する)」の渡航統計は、中国の日本軍占領地への陸路での入国管理的な意味を持った。

海路・陸路での特定の連行ルート

一方、この「職業別統計」には、「支那渡航者数」と題する同時期の「邦人」の中国への渡航ルートと人数の内訳の統計も付属している。それによると、「満州国」から「北支」へのルートは、山海関のほか、海路の「大連（港）より出発（行先は青島・芝罘・威海衛）」があった。それを加えると、「満州国」を経由して「北支」に渡った「慰安婦」は、全体の7割をはるかに超えることになる。このルートでの中国へ渡航する「邦人」が、「満州国」の住人とごまかせば、日本内地の警察署発給の「慰安婦」の身分証明書（売春婦出身で21歳以上などの条件あり）や、条件のゆるい植民地・朝鮮の警察署発給の身分証明書さえ必要とせず、強制連行された未成年女性を中国へ送り出す大きな「抜け道」になったことを示している。

山海関を通じた「慰安婦」の「渡支統計」は2ヶ月分の欠落を除き、1937年から1939年までそろっている。（外交史料館所蔵、茗荷谷文書J39所収。表5参照）

この人数の推移と、先の内地警察署や朝鮮総督府、台湾総督府の警察署が「証明書」を発給した人数と比較すると、この「抜け道」を利用した「慰安婦」の連行が、この時期、いかに大きな割合を占めたかがわかる。そして、「抜け道」である以上、ここを通過した「慰安婦」のかなりの部分が、朝鮮人女性であったと考えられる。

35万人余の朝鮮人女性の動員計画

1939年までの「慰安婦」の中国への動員数は、これまで見てきたように、外交史料館の統

（表5）山海関（陸路）経由での渡支「慰安婦」数の推移

〈注〉外交史料館所蔵の茗荷谷文書J39所収の在山海関副領事の報告から。「女給」「女中」「仲居」「芸妓」「酌婦」を「慰安婦」として計上。「―」は統計が欠落。

１９３７年	８-１０月	1,147
	１１月	523
	１２月	664
１９３８年	１月	352
	２月	581
	３月	748
	４月	639
	５月	663
	６月	392
	７月	350
	８月	345
	９月	357
	１０月	314
	１１月	319
	１２月	394
１９３９年	１月	226
	２月	―
	３月	563
	４月	599
	５月	814
	６月	639
	７月	463
	８月	266
	９月	368
	１０月	575
	１１月	425
	１２月	―
	合計	12,726

（表6）労務資源調査（朝鮮総督府調べ、1940年）

〈注〉樋口雄一編『戦時下朝鮮人労務動員基礎資料集Ⅰ』（2000年、緑蔭書房）所収の「労務資源調査関係資料」から。朝鮮総督府内務局長が1940年3月に各道知事に調査の指示を出し、同年9月3日の忠清南道知事の再調査結果を最後に、13道の調査結果がすべてそろった。

	①労働出稼及労働転業可能者数調		②労働出稼及労働転業希望者数調	
	男２０－４５歳	女１２－１９歳	男２０－４５歳	女１２－１９歳
京畿道	26,234	6,017	3,285	513
忠清北道	149,123	39,967	32,461	3,938
忠清南道	90,176	17,785	41,608	2,717
全羅北道	65,085	11,408	28,540	1,790
全羅南道	79,113	17,631	24,937	1,544
慶尚北道	107,112	19,304	35,911	2,815
慶尚南道	133,605	44,671	36,469	3,691
黄海道	33,419	11,030	4,163	1,000
平安南道	97,144	33,179	8,575	721
平安北道	611,780	132,596	170,425	12,691
江原道	25,285	4,760	1,596	325
咸鏡南道	51,294	10,744	6,632	557
咸鏡北道	10,306	3,478	1,390	29
合計	1,479,676	352,570	395,992	32,331

（表7）戦前の朝鮮人女性の人口の推移

【1940年5月1日→44年5月1日の増減、出生年月日が同じ年齢層の追跡】

〈注〉国会図書館所蔵の復刻本『朝鮮国勢調査報告』1940年版、1944年版から作成。1944年5月1日当時の21歳の人口だけが4年前に比べて増加しているのは不思議だが、日本敗戦1年前の人手不足時の統計であり、誤植の可能性がある。

１９４０年５月１日当時	女	１９４４年５月１日当時	女	
	①		②	②－①＝
１０歳	290,667	１４歳	264,088	▲ 26,579
１１歳	269,295	１５歳	253,567	▲ 15,728
１２歳	272,443	１６歳	245,925	▲ 26,518
１３歳	260,458	１７歳	241,986	▲ 18,472
１４歳	230,084	１８歳	226,964	▲ 3,120
１５歳	241,367	１９歳	207,212	▲ 34,155
１６歳	225,687	２０歳	203,971	▲ 21,716
１７歳	215,318	２１歳	216,593	1,275
１８歳	223,096	２２歳	200,903	▲ 22,193
１９歳	215,945	２３歳	184,465	▲ 31,480
２０歳	188,732	２４歳	174,052	▲ 14,680
合計	2,633,092	合計	2,419,726	▲ 213,366

計資料で、ほぼつかむことができる。ところが、1940年以降の「慰安婦」の動員人数についての統計資料は、急に乏しくなってくる。これは、日本政府・軍が敗戦時、戦後の戦犯追及を逃れるために、集中的に行った関連公文書の焼却・隠匿の「成果」であろう。この時期の「慰安婦」の動員は、これまでの公文書の流れからすれば、朝鮮人「慰安婦」が圧倒的に増えてきたはずだ。

しかし、他の図書館を含め、散見される当時の公文書で、いろいろな角度から、朝鮮人「慰安婦」の激増の一端を探ることができる。それを次に紹介していきたい。

「韓国記録保存所」が所蔵する1940年当時の朝鮮総督府「労務資源調査」の関係公文書の復刻本がある。(樋口雄一編『戦時下朝鮮人労務動員基礎資料集Ⅰ』、2000年、緑蔭書房発行)

これは、朝鮮総督府が朝鮮13道(朝鮮の全領域。道は日本の都道府県に相当)から、戦時労務動員をどれぐらいできるかの調査を、1940年3~5月に実施したものである。朝鮮人の成年男子だけでなく、12歳~19歳の未成年女子も対象としていることが注目される。(表6参照)

「労働出稼及労働転業可能者数調」では、その対象の未成年女子を35万2570人も計上している。同じ対象でも「希望者数」は3万2331人であり、「可能者数」のほとんどが強制であったことを示唆してもいる。

この35万余人の朝鮮人未成年女性の動員数は、1937~39年までの朝鮮人「慰安婦」の動員数と比較すると、桁違いに多い。

同時期の朝鮮人「慰安婦」の中国への動員数は、表1の朝鮮総督府調べで3564人、表3の台湾総督府調べ（台湾経由）で842人、表5の山海関経由で1万2726人（大部分が朝鮮人と考えられる）である。先に紹介した1940年の中国在住の朝鮮人「慰安婦」でも6430人である。

35万人余の朝鮮人未成年女子がすべて「慰安婦」にされたということではないだろうが、その動員規模は、1940年以降、桁違いに急増していったことがうかがえる。

この調査の目的について、朝鮮総督府内務局長が1940年3月12日付で、朝鮮内の各道知事に宛てた公文書「労務資源調査ニ関スル件」には、次のように書かれている。

「近時半島ニ於ケル労働力ノ需要ハ逐年累増ノ一途ヲ辿《たど》リ専業労働者全ク払底シ労務調整ノ円滑適正ヲ期シ難キ実情ニ在リ加フルニ時局下生産力拡充産業軍需産業等ノ強化ハ益々労働力ノ需要ヲ来サントスル趨勢《すうせい》ニ在ルノミナラズ内地ニ於ケル労務動員計画ノ実施ニ伴フ労働者供出ノ関係モアリ之ガ需給調整ハ刻下喫緊ノ要務タル処《ところ》在来尋常ノ手段ヲ以テシテハ到底所期ノ政果ヲ期待シ得ザル事態ニ直面スルニ至レリ而シテ今後之等所要労働力ノ大部分ハ農村ノ人的資源ニ需充ノ外ナキ実情ニ在ルヲ以テ速ニ之ガ過剰労力ノ所在及ビ量ヲ究明シ以テ戦時労務対策ノ資ニ供シ度」

日本内地などへ「供出」（強制連行）する都会の専業労働者が「払底」したため、農村の「過剰労力」を調べることにしたことが明確に書かれている。その中に朝鮮人未成年女性が計上されていたのである。その「供出」の手段も「尋常ノ手段」ではできないとし、いっそうの暴力的強制さえ打ち出している。

国勢調査の人口統計から

1940年以降の朝鮮人「慰安婦」の動員数について推計できる資料として、国会図書館所蔵の復刻本『朝鮮総督府「朝鮮国勢調査報告」』（1940年版と1944年版、いずれも1991年、韓国の出版社・民俗苑発行）の人口統計がある。

この統計に基づき、筆者が試算を試みたものが、表7である。

1940年5月1日当時に10歳〜20歳だった女性が、4年後の1944年5月1日にそれぞれ14歳から24歳になることに注目し、それぞれの統計の年齢別・性別の朝鮮人の人口で、出生年月日が同じ年齢層の増減を追跡したものである。

それによると、この4年間に対象の年齢層で、21万3366人の朝鮮人女性が減少している。その中には、病死などの死亡数も含まれるし、「慰安婦」以外の目的で朝鮮外に連行されたものもいるだろう。しかし、その多くが「慰安婦」にされたのではないだろうか。

この「朝鮮国勢調査報告」の「凡例」が興味深い。

1940年版はいう。

「本編ハ主トシテ軍動員、労務動員、軍需生産、其ノ他重要企画方面ニ於ケル之ガ利用ノ便宜ヲ考慮シ結果原表ノ内容ヲ検討ノ上重点的ニ各資料ヲ摘要蒐輯《しゅうしゅう》シ『朝鮮昭和15年国勢調査結果要約』トシテ編纂……」

1944年版はいう。（原文が、ひらがな）

「本報告は資源調査法に依り、昭和19年5月1日現在を以て、全鮮一斉に実施したる人口調査の第一次集計の結果を全鮮及道別に取纏《とりまと》めたるものなり。……本報告には調査の時期に陸海軍の部隊及艦船に現在したる者は含まざるものとす。……本報告は極秘に取扱ひ、苟《いやしく》も他に漏洩し又は公表することなきやう、取扱上に厳重なる注意を払はれたし」

これら人口統計が、朝鮮人の戦時動員目的のために作成された極秘文書であったことを示している。

1940年以降の内地人「慰安婦」の急減

その一方で、日本内地人の「慰安婦」の動員が1940年を境に、急減したことを示す資料がある。

日本政府は1940年5月7日の閣議決定で、「（極秘）渡支邦人ノ暫定処理ニ関スル件」を決定し、日本人の中国への渡航をいっそう厳しく制限した。（外交史料館所蔵、茗荷谷文書J31所収）

そのなかで、同年6月1日付の内務省警保局長の文書「渡支邦人暫定処理ニ関スル件」（同右の茗荷谷文書J31所収）を示し、日本帝国内で「慰安婦」を「募集・周旋」する「業者」に限って、中国への再渡航を許可した。

その文面はいう。

「在支接客営業者（えんぴつで書き込み→「周旋業者ノ内地ニ於ケル周旋ハ認メサルニ付、周旋ノタメノ渡支ハ認メス」）ニ於テ在支帝国領事発給ノ身分証明書ヲ所持帰国シ婦女（芸妓、酌婦、女給等）ノ雇入ヲナス場合ニ於テ該証明書ニ雇入人員数ヲ明記シアルトキハ被用者各個人ニ対シ在支帝国領事館警察署ノ証印ヲ押捺シタル文書（以下渡支事由証明書ト略称ス）ヲ取付ケシムル要ナシ但シ所轄警察署長ノ身分証明書ハ各人毎ニ発給スルコト」

カッコ内に引用した、えんぴつでの書き込みに注目されたい。内地での周旋が認められないならば、これらの「業者」が「帰国」して「慰安婦」を「周旋」できたのは、植民地であった朝鮮や台湾しかない。

こんなところにも、1940年以降、日本政府当局が内地人の「慰安婦」を極力制限し、その代わりに朝鮮人や台湾人などを「慰安婦」として強制連行していった流れが垣間見れる。

日本軍は1941年12月8日の対米英戦争の開始などで、米英仏の植民地だった東南アジア各国に侵略戦争の戦線を広げた。当然、出征兵士は激増し、1939年12月に142万人だった日本の陸海軍総兵力は、敗戦時には約5倍の716万5千人に膨らんだ。（大江志乃夫『徴兵制』

＝１９８１年、岩波新書Ｐ１４４）

第７章で紹介した外務省関連公文書の一つ、１９３８年６月29日付の在青島総領事の文書「支那渡航婦女ノ取締ニ関スル件」《資料24》では「陸軍側ハ兵員70名ニ対シ１名位ノ酌婦ヲ要スル意向」という言葉が出てくる。これを単純に敗戦時の日本軍兵士総数７１６万５千人に当てはめると、「慰安婦」の必要数は、10万２０００人余となる。

１９３９年末から１９４５年８月にかけて５倍に急増していく日本軍兵士が「要求」する「慰安婦」として、１９４０年以降、内地人女性をはるかに上回る規模の朝鮮人女性が強制連行されたことは、これらの公文書からも否定できない歴史的事実であろう。

第9章　女子動員計画に「民族力強化」の言葉

日本政府は1939年度から毎年度、敗戦前の1944年度まで、「国民動員計画」(国立公文書館所蔵。1941年度までは「労務動員計画」)を閣議決定していた。その中で、1943年度の「国民動員計画」(1943年5月3日決定)に初めて、「民族力強化」という言葉が躍った。もちろん、これも「機密」というスタンプがある。

同計画はいう。

「女子ニ付テハ其ノ特性ト民族力強化ノ必要トヲ勘案シ強力且《かつ》積極的ナル動員ヲ行フ」

日本国内での女子の戦時勤労動員の強化方針を定めたはずの政府の計画書に、なぜ「民族力強化」という言葉が入ったのか。これはどういう意味なのか。

同計画書には、また「朝鮮人労務者ノ内地移入ハ概ネ前年度同様トスルモ内地在住朝鮮人……等ニ付イテハ之ガ活用ヲ図リ……」ともある。これまでの朝鮮人の内地への強制連行とともに、在日の朝鮮人一般の勤労動員強化も図っているわけである。

女子勤労動員での「民族力強化」とは、普通に考えれば、日本人(当時の内地人)と他民族(当時の植民地の朝鮮人など)を区別し、日本人女子を強化し、他民族を弱化させるということを意味する。それを女子の「特性」を「勘案」してやるというのであるから、おぞましい他民族差別の方針である。しかし、具体的な詳しい職種や動員方法は、計画書のどこを読んでも書かれていない。

当時の「国民動員計画」は、内地人といわれた日本人とともに朝鮮人などの植民地の住民を、同じ「邦人」として「動員」をした。しかし、日本人の女子と比べ、故郷から遠く離れ、言葉もわからない宗主国の内地や外国の戦地に「強制連行」された朝鮮人の女子とでは、その動員の性格はまったく違う。その上、「民族力強化」である。

これは、民族差別・蔑視の大方針の下に、朝鮮人の女子を「慰安婦」にするという、おそるべき方針を打ち出した文書であったように思われる。

「挺身隊」の内地と朝鮮での違い

日本政府は1943年9月13日、次官会議で「女子勤労動員ノ促進ニ関スル件」という、「極秘」のスタンプが押された方針を決定した。（国立公文書館所蔵）

「女子ノ特性ト其ノ民族力強化ノ使命トヲ勘案シツツ更ニ女子総動員態勢ノ強化ヲ図リ……女子ヲ動員スベキ職種ハ女子ノ特性ニ適応スルモノヲ広ク選定スベキモ……女子勤労ノ態様トシテハ従前ノモノノニ依ルノ外《ほか》新タニ女子勤労挺身隊（仮称）ヲ自主的ニ組織セシメ相当ノ指導者ノ下ニ団体的ニ長期（差当リ1年乃至《ないし》2年）出動ヲナサシムルノ制度ヲ採用スルコト」（同決定文書から）

1943年度の「国民動員計画」のあとに出されたこの次官会議の決定は、同じ「民族力強化」の言葉が入っている。しかも「国民動員計画」では「民族力強化ノ必要トヲ勘案」とされていたのだが、今回は「民族力強化ノ使命トヲ勘案」と、表現がエスカレートしている。この方針の下に「女子勤労挺身隊」が政府によって組織されていった。「自主的ニ組織セシメ」云々は、強制的であることを白状しているような官僚的文書である。

ところで、もし、この「民族力強化」という言葉が、日本民族だけでなく、朝鮮民族を含めた「民族」の「力」の強化という意味でもあったなら、朝鮮総督府の朝鮮内での女子を対象にした勤労動員の方針にも、この言葉が書かれるはずである。

第1章の冒頭で言及した朝鮮総督府の公文書「生産増強労務強化対策（1943年10月決定）」《資料39》には、朝鮮内の女子勤労動員の強化について、次のような記述がある。

「女子遊休労力ノ積極的活用ヲ図ル為左ニ依リ措置スルコト　（イ）女子ノ特性ニ適応スル職種ヲ選定シ新規学校卒業者及年齢14年以上ノ未婚者等ノ全面的動員体制ヲ確立スルコト」

先の次官会議の決定とほぼ同時期に出された文書なのに、「民族力強化」という言葉が、すっぽりと抜け落ちている。女子動員強化は、明らかに「朝鮮民族の力」の「強化」ではなく、それを弱体化させようとしたものであったのだ。

この朝鮮での女子勤労動員も「女子勤労挺身隊」と呼ばれた。

1944年10月30日発行の朝鮮総督府労務課監修『国民徴用の解説』（2000年・緑蔭書房発行、樋口雄一編『戦時下朝鮮人労務動員基礎資料集Ⅲ』所収）には、こう書かれている。（原文が、ひらがな書き）

「本年（1944年）8月22日付を以て公布せられた女子挺身勤労令は、国家総動員法に基く国民の勤労協力に関する勅令でありまして、従来内地では事実上行つて来た女子挺身隊の制度に法的根拠を与えたものです。対象は国民登録者たる女子となつています。即ち内地では12年以上40年未満の配偶者なき女子です。朝鮮では特殊の技術労務者を除き一般的には女子の登録を致して居りませんので、現在の所直ちには実施出来ません。……（朝鮮では）今後に於ても女子を動員する場合、女子挺身勤労令発動によるといふ考は今の所持つてをりません。今迄朝鮮の女子挺身隊は、みな官の指導斡旋によるもので……今後ともこの官の指導斡旋を建前とする心算です」

同じ「女子勤労挺身隊」と呼ばれても、日本内地の日本人女子の動員先が「女子挺身勤労令」に基づき、工場を中心としたものであったのに対して、朝鮮人女子の動員先は、「女子ノ特性」と朝鮮民族の「民族力」弱体化とを「勘案」し、法令による身分保障もない、日本軍「慰安所」への動員が中心であった可能性が大きい。しかも、それが戦時の女子動員の代表的な形態である「女子勤労挺身隊」の名で行われたのである。

「接客業」へは日本民族だけ就業禁止

防衛省防衛研究所所蔵の「(米国) 返還史料」の中に、戦中の陸軍省・国策研究会事務局作成の公文書「大東亜共栄圏建設対策・中篇（未定稿）」がある。作成された年月日が不明であるが、次のような記述がある。

「(甲) 日本民族の職能的分布に関する措置

日本民族をして、その共栄圏指導者たるの位置を悠久無限に確保せしむるがためからも大東亜共栄圏の基礎確立する迄の過渡期に於ては、日本民族の職能分布につき、左の如き根本措置を講ずるの要がある。

……

(4) 同上の見地より日本民族の就業の増大を防止し、進んでは之を削減乃至禁止する措置を講ずるの要ある職業

……

(ニ) 家事使用人、接客業

……

(5) 以上の施策の実現を円滑ならしむるため、左の如き措置を講ずる。

……

(ハ) 内地以外に於ては、……指導者及び緊要職別の外、極力現地人を採用し、尚ほ必要の場合、補佐乃至下士的位置には、半島人、台湾籍民、華僑等を極力活用すること。」

「日本民族をして、その共栄圏指導者たるの位置を悠久無限に確保せしむるがため」として、日本民族の「接客業」への就業を削減・禁止するとしている。その一方で、「半島人(朝鮮人の蔑称)」

などは、「(日本人の) 補佐乃至下士的位置」にして「活用」するとしている。
当時の「接客業」とは、「慰安婦」を含む職業名であった。陸軍省の文書で、米国が押収し、その後、返還されたという、いわくつきの公文書である。
「大東亜共栄圏」という言葉があることから、この文書の作成日は、その言葉が初めて公式に使われたという1940年7月の松岡洋右氏の外務大臣就任直後の記者会見より後ということだろうか。(岩波ブックレット、1988年、小林英夫著『大東亜共栄圏』P16)
当時、松岡外相は「わが国眼前の外交方針としては、この皇道の大精神に則りまず日満支をその一環とする大東亜共栄圏の確立をはかるにあらねばなりません」と言ったという。

「朝鮮民族を減らせ」の内務省文書

戦時中の内務省の公文書には、露骨に「朝鮮民族の数を減らせ」と指示する文書が存在する。

1944年当時の「内務省資料」のファイルに収められた公文書「極秘・朝鮮統治施策企画上ノ問題案」(外交史料館所蔵、戦前期外務省記録A.5.0.0.1・1、第2巻、件名「朝鮮人ノ現在ノ動向ニ就テ」所収、同第1巻のファイル表紙には副題として「内務省資料」と明記されている) である。

その重大だと思われる個所を以下に引用する。

「1、人口配分
地理的、文化的、血族的環境ヨリ生成セル民族感情ヲ大和民族化スルガ為ニハ数的及文化的優位ヲ要請セラルルヲ以テ朝鮮民族ノ数ハ可及的少数ナルヲ適当トスル然ルニ現在既ニ２４００万ヲ算スルヲ以テ之ガ同化ヲ促進スルガ為ニハ朝鮮民族ヲ刺激シ却テ同化ヲ困難ナラシメザル留意ノ下ニ一部移住、増加抑制等ノ方策ヲ遂行セザルベカラズ……
（1）増加人口ノ抑制
イ、早婚ノ弊風ヲ打破スルト共ニ女子ノ婚姻年齢ヲ現在ニ比シ概ネ2年昂《たか》メ20歳以上ニ達セザレバ結婚セシメザルコトトシ男子ニ付テモ概ネ5年昂メル如ク指導ス
ロ、女子勤労ヲ奨励シ女子ヲ内房ヨリ社会ニ解放スル如ク指導ス
ハ、男子ノ単身出稼ヲ奨励

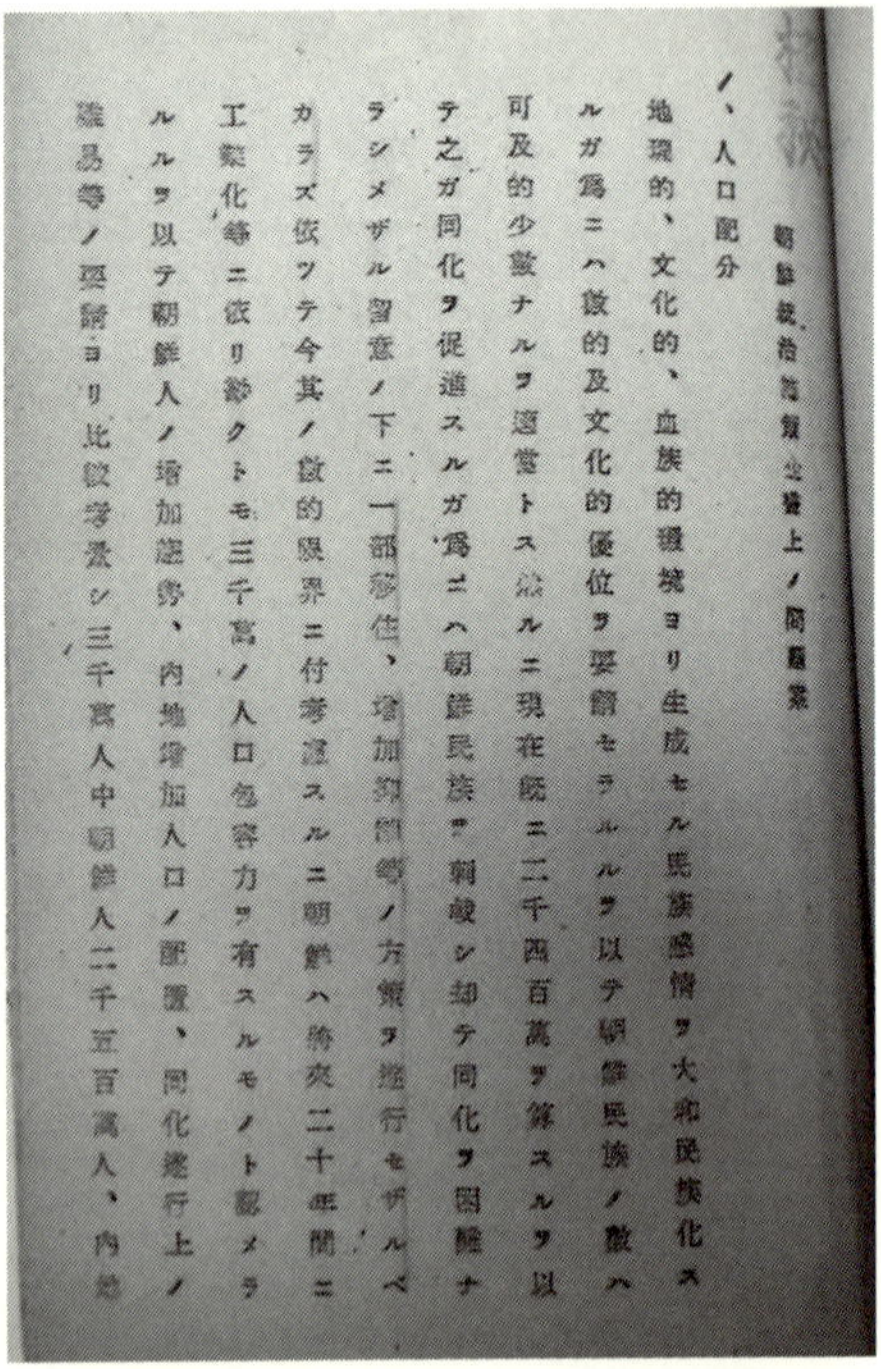
朝鮮統治施策企画上ノ問題案
１、人口配分
地理的、文化的、血族的環境ヨリ生成セル民族感情ヲ大和民族化スルガ為ニハ数的及文化的優位ヲ要請セラルルヲ以テ朝鮮民族ノ数ハ可及的少数ナルヲ適当トス然ルニ現在既ニ二千四百万ヲ算スルヲ以テ之ガ同化ヲ促進スルガ為ニハ朝鮮民族ヲ刺激シ却テ同化ヲ困難ナラシメザル留意ノ下ニ一部移住、増加抑制等ノ方策ヲ遂行セザルベカラズ依ツテ今其ノ数的限界ニ付考慮スルニ朝鮮ハ将来二十年間ニ工業化等ニ依リ少クトモ三千万ノ人口包容力ヲ有スルモノト認メラルルヲ以テ朝鮮人ノ増加速度、内地増加人口ノ配置、同化遂行上ノ難易等ノ要請ヨリ比較考量シ三千万人中朝鮮人二千五百万人、内地

朝鮮民族の数を減らせと指示する内務省の極秘文書
「朝鮮統治施策企画上ノ問題案」（外交史料館所蔵）

シ経済生活ノ向上ヲ企図セシムル如ク指導ス
ニ、抑制方策ニ即応スル優生法ヲ施行ス
本方策実施ノ為ニハ凡ユル機関要スレバ国体又ハ公営ノ機関ヲ通ジ之ガ指導ヲ為サシメ20年間ニ凡ソ《およそ》500万ヲ抑制スルヲ目途トス」

「朝鮮民族ノ数ハ可及的少数ナルヲ適当トスル」「20年間ニ凡ソ500万ヲ抑制」とは、なんと露骨な民族絶滅作戦であろうか。ナチスのユダヤ人絶滅作戦を連想してしまう。

20年間で500万人の人口抑制とは、1年間に単純換算すると25万人の抑制である。

戦中に毎年度実施された「国民動員計画」による朝鮮人強制連行は、1944年度は女子(1万人)を含めて年間30万人超に膨らんだ。

阿部信行・朝鮮総督は1945年4月18日付の内務省管理局長宛て公文書「統治概況上奏ノ件」で、次のようにのべている。

「労務事情、内地ニ於ケル労務総需要ノ激増ニ伴ヒ朝鮮人労務者ヲ以テ充足スルノ要求急速ニ増大シ昭和18年度(1943年度=国民動員計画のこと、以下同じ)15万5千人ナリシニ対シ19年度(1944年度)ハ33万余人ニ及ビ20年度(1945年度)ニハ更ニ3倍ニ近キ要求ヲ見ントス……」(外交史料館所蔵、茗荷谷文書M56)

1945年度の「国民動員計画」で、「33万余人」の「3倍」にするとは約100万人である。内務省の朝鮮人の人口抑制方針と、「慰安婦」を含む朝鮮人強制連行との人数的な一致が、不気味である。

労務報国会の「挺身隊」組織と同時期

「民族力強化」の名の女子動員が強化される公文書が相次いで出された1943年。厚生省は同年10月9日、時期を同じくして、大日本労務報国会理事長名で、各都道府県労務報国会長宛てに通牒「勤労挺身隊ノ組織整備ニ関スル件」を出した。《資料38》

故・吉田清治氏が属した労務報国会は、「勤労挺身隊」を組織できる事実上の公的機関だった。先の公文書「極秘・朝鮮統治施策企画上ノ問題案」にいう「本方策実施ノ為ニハ凡ユル機関要スレバ国体又ハ公営ノ機関ヲ通ジ之ガ指導ヲ為サシメ」云々の「国体又ハ公営ノ機関」とは、労務報国会も指していたのかもしれない。

労務報国会の動員部長として、朝鮮人女性を「挺身隊」の名で「慰安婦狩り」したとのべ、贖罪の人生を送った故・吉田清治氏の証言は、これらの公文書が、その真実性を裏付けている。

第10章　婦女売買を禁じた戦前の国際法

筆者が外務省外交史料館で発見した1938年当時の「慰安婦」に関する外務省文書が収録されているファイル（茗荷谷文書B504）には、同時期の国際連盟関連の同省の公文書も収録されており、当時の「慰安婦」強制連行が、明白な国際法違反であったことも示している。

「他人ノ醜業ニ依ル利得ヲ禁止スル為ノ国際条約草案」。国際的な婦女売買の禁止を完璧にするために、これまでの諸条約に加えて、いわゆる「嬪夫《びんぷ》」を処罰する新たな国際条約を締結する動きが、1938年当時、国際連盟加盟国（日本はすでに1933年3月に脱退していたが、国際連盟の委員会などには参加）を中心にあった。《資料10、17》

「嬪夫」とは「女衒《ぜげん》」とも呼ばれ、遊郭などに婦女を周旋したりして、娼妓（売春婦）から利益を吸い上げて収入を得ていた「業者」のことである。

当時、この条約草案に対する意見を、日本政府など、国際連盟加盟国以外の国を含め、同連盟は、広く求めていた。その意見締め切りが1938年5月1日であった。

嬪夫の処罰に反対

国際連盟関連の公文書の1つ、「他人ノ醜業ニ依ル利得ヲ禁止スル為ノ国際条約締結問題ニ関スル件」（38年5月13日、外務次官→内務次官・司法次官）は言う。《資料17》

「国際連盟婦人児童売買委員会ハ婦女売買ノ禁止ヲ完璧ナラシムル為ニハ所謂嬪夫ノ処罰ガ公

娼制度ノ廃止ト共ニ必要ナル措置ナルコトヲ認メ同委員会ノ会合ニ於テ嬪夫ノ処罰問題ヲ屡々《しばしば》論ジタリ其ノ概略左ノ如シ……国際連盟事務総長ヨリ……（日本）帝国ノ意見表示方《かた》依頼越セルニ対シ……内務、司法両省ニ照会シタル処《ところ》内務省ヨリハ……公娼制度ニ対シ善処ス可ク目下慎重調査中ニシテ公娼制度ノ撤廃ニ至ラサル現在トシテハ本件条約案ニハ賛成シ難キ旨ノ解答アリ司法省ニテモ同様意見ナリシヲ以テ社会問題諮問委員会ニ於ケル本件ニ対スル我方ノ措置振リニ関シ横山委員ニ対シ右趣旨訓令セリ」

　この訓令を受けて、ジュネーブ駐在の日本代表は37年4月の第1回国際連盟・社会問題諮問委員会で「我方ハ本件条約案ニ反対スルモノニ非ルモ嬪夫ノ処罰問題ハ公娼制度ト切離シテ考量スルヲ得ス公娼制度ノ廃止ニ至ラサル今日ニ於テハ我方ノ態度ヲ留保スルノ外ナク」云々と事実上の反対表明をしたという。《資料17》

　日本政府の態度保留などの妨害もあってのことだろうが、「大多数」の国が賛成していたこの条約は締結されないままに終わった。

　同じファイルにとじられていた１９３８年当時の中国各地の領事館からの報告（外務省関連公文書）には、政府公認の「嬪夫」を使った朝鮮・「満州国」からの「慰安婦」強制連行の様子が具体的に描かれていた。その「嬪夫」の国際的活動を処罰する国際条約に対して、日本政府は対外的には「公娼制度」云々を理由にして態度保留を表明したのである。

　ちなみに、当時の日本の「公娼制度」とは、「娼妓取締規則」《資料1》のような、事実上の性奴隷制度であった。
日本政府の本音としては、同国際条約が、「嬪夫」を手先として「慰安婦」の強制連行に利用する日本軍・日本政府自身を処罰することになることを恐れたのであろう。

先行する四つの国際条約

この国際条約草案に先行して、国際連盟は、国際的な婦女売買を禁止する四つの国際条約を締結している。日本はその三つに条件つきながら加入し、残り一つは反対して加入していない。〈脚注134頁参照〉

最初の国際条約が「醜業ヲ行ハシムル為ノ婦女売買取締ニ関スル国際協定」(1904年)。二つ目が「醜業ヲ行ハシムル為ノ婦女売買禁止ニ関スル国際条約」(1910年)。三つ目が「婦人及児童ノ売買禁止ニ関スル国際条約」(1921年)。四つ目が「成年婦女ノ売買禁止ニ関スル国際条約」(1933年)である。《資料2、3、4、8》

いずれもその趣旨は、婦女の国際的売買を禁止しようというものだが、日本が加入した三つの国際条約には、年齢制限の各国による変更や、植民地への不適用を可能とする留保条件がついていた。ただ、この一連の国際条約で注目されるのは、「婦女売買の禁止」をしようとすれば、婦女の国際的な強制連行を禁止する措置をとらざるを得なかったという点である。条約のタイトルにある「婦女売買の禁止」という文字が、条約本文にはないことが、それを示している。

日本政府は当初、売買を無条件に禁止する未成年女子の年齢制限を18歳未満（条約の本則は当初20歳未満、のちに21歳未満に引き上げ）とし、その上、植民地などへの不適用も宣言して加入。その後、年齢制限は本則と同じものにしたが、植民地への不適用はそのまま維持した。

四つ目の国際条約については、その条項に植民地への不適用を不可能にする内容があったため、日本政府は不加入を決めた。

この経過を詳しく説明した外務省の公文書が、やはり同省外交史料館の別のファイルに存在する。「成年婦女ノ売買禁止ニ関スル国際条約ニ関スル件」（1934年3月12日、司法次官→外務次官）と題する公文書は次のように言う。（外交史料館所蔵、戦前期外務省記録B．9．10．0．1・5）

「右条約第1条ニハ新ニ第2項ヲ設ケ予備罪ニ付テモ処罰セラル可キ旨規定シ尚《なお》第3項ノ規定ヲ設ケタル結果同条第1項ノ目的ノ範囲内ニ於テハ植民地モ亦《また》外国ト看做《みな》サレ随テ本条約所定ノ犯罪ニ付《つき》植民地相互間或ハ植民地ト内地間トノ犯罪即チ国内的犯罪ニ付テモ其ノ予備行為ヲモ処罰スルコトヲ要スル結果ト相成此点ニ関シテハ国内法ヲ改正スルコト困難ト思料致候《しりょういたしそうろう》」

植民地の適用除外で一貫

この司法省の意見を踏まえ、外務大臣は、ジュネーブの日本代表に対し、同条約の署名を「見

合ハス」よう指示している。《資料9》

日本政府の一連の国際条約に対する態度は、植民地への適用除外という点で一貫していたのである。当時の日本政府・国家の植民地に対する差別意識は、きわめて根強いものがあったことがわかる。

ちなみに、「慰安婦」問題の外務省関連公文書の発端的文書、1938年2月23日の内務省警保局通牒《資料13》には、次のような文言が入っていた。

「是等婦女ノ募集周旋等ノ取締ニシテ適正ヲ欠カンカ……婦女売買ニ関スル国際条約ノ趣旨ニモ悖《もと》ルコト無キヲ保シ難キ」云々。

当時、日本が条件付きで加入していた婦女売買禁止関連の国際条約を、日本内地にだけは形式上、順守する形で、先の内務省警保局通牒も発出されていたわけである。

この内地人女性の「慰安婦」連行の規制も、第7章、第8章で見たように多くの「抜け道」で骨抜きにされた。1940年の「暫定処理要綱」や青少年雇入制限令、さらに1942年の労務調整令で、内地人女性の「慰安婦」連行に対する厳しい規制が相次いで実施された。

しかし、これらの相次ぐ規制も、一貫して、植民地・朝鮮は対象から除外されたのである。このため、朝鮮人「慰安婦」の動員が、同時期に桁違いに急増していくのである。

1941年12月8日の対米英戦争の開始は、国際連盟をすでに脱退していた日本政府が、同連盟加盟国の権威もあって機能していた婦女売買禁止に関する国際条約を、名実ともに完全に無視する動機になり、朝鮮人「慰安婦」の動員は、「慰安婦狩り」ともいうべき、なりふり構わない暴力的な強制連行にエスカレートしていったのである。

戦後の条約にやっと加入

戦前・戦時中、植民地女性の「慰安婦」強制連行を禁じた国際条約・草案に、一貫して反対してきた日本政府は敗戦後、ようやく賛成することになる。それを示すのが、国連主導で作成された国際条約「人身売買及び他人の売春からの搾取の禁止に関する条約」（１９５０年）である。この条約が戦前・戦中のこれらの条約・草案の内容をすべて盛り込んだものであることは、その前文で明らかにされている。《資料41》

日本は１９５８年4月11日に、この条約を国会で承認し加入した。それは敗戦で植民地をすべて失ったことからの、〝やむを得ない措置〟だったのか、あるいは、本気で戦前・戦中の行いを反省したためなのか、いま一つ不明である。ただ、戦後72年以上も経つのに、安倍晋三政権下の日本政府は、そうした過去の国際法違反の事実すら認めようとしていない。

日本の戦後民主主義の全面的な実現は、まだまだ遠い先なのかも知れない。

◇

〈130頁脚注〉この四つの国際条約への日本の加入（締結）や未加入の事実については、国立国会図書館発行の雑誌『外国の立法』2004年5月号所収、同館海外立法情報課職員・中川かおり論文「人身取引に関する国際条約と我が国の法制の現状（総論）」に詳しい。ただ、拙稿のような植民地への適用・不適用の分析はない。

【抜き書き】「慰安婦」強制連行関連の公文書

〈注〉

公文書の抜き書きは、年代順に並べた。

とくに、今回発見した１９３８年中の外務省関連の公文書12点は全文を抜き書きした。

公文書のほか、いくつかの関連する重大事件も参考のために☆マークで入れた。

「慰安婦」被害者の名前は、■■■■として匿名にしたが、「業者」の名前はそのまま出した。

文書の発出元や送付先の官庁等の担当官の名前は、煩雑なので省略した。

「アジア歴史資料センター」のサイトからＰＤＦでダウンロードし、閲覧できる公文書は、「アジ歴閲覧可」とした。

また、「デジタル記念館・慰安婦問題とアジア女性基金」のサイトから復刻本をＰＤＦでダウンロードし、閲覧できる公文書は、出典に「政府公表資料」とした。

《資料1》1900年（明治33年）10月2日　内務省令第44号（改正1912年12月）

「娼妓取締規則」

【出典】国立公文書館所蔵、「種村氏警察参考資料第6集」。「アジ歴閲覧可」

（内容）

第1条　18歳未満ノ者ハ娼妓タルコトヲ得ス

第2条　娼妓名簿ニ登録セラレサル者ハ娼妓稼ヲ為スコトヲ得ス

娼妓名簿ハ娼妓所在地所轄警察官署ニ備フルモノトス

娼妓名簿ニ登録セラレタル者ハ取締上警察官署ノ監督ヲ受クルモノトス

第3条　娼妓名簿ノ登録ハ娼妓タラントスル者自ラ警察官署ニ出頭シ左ノ事項ヲ具シタル書面ヲ以テ之ヲ申請スヘシ

1．娼妓トナルノ理由

2．生年月

3．同一戸籍内ニ在ル最近尊属親、尊属親ナキトキハ戸主ノ承諾ヲ得タルコト　若シ承諾ヲ与フヘキ者ナキ時ハ其ノ事実

4．未成年者ニ在リテハ前号ノ外実父、実父ナキ時ハ実母、実父母ナキ時ハ実祖父、実父母、実祖父ナキ時ハ実祖母ノ承諾ヲ得タルコト

……

第7条　娼妓ハ庁府県令ヲ以テ指定シタル地域外ニ居住スルコトヲ得ス

……
第8条　娼妓稼ハ官庁ノ許可シタル貸座敷内ニ非サレハ之ヲ為スコトヲ得ス
第9条　娼妓ハ庁府県令ノ規定ニ従ヒ健康診断ヲ受クヘシ
……

《資料2》1904年（明治37年）5月18日　パリで作成
「醜業ヲ行ハシムル為ノ婦女売買取締ニ関スル国際協定」
【出典】外交史料館所蔵、条101、外務省条約局『昭和6年6月、条約彙纂（一般国際条約集）第2巻第4部』。「アジ歴閲覧可」
（内容）
……
1925年（大正14年）10月21日加入
……
第1条　各締結国政府ハ外国ニ於ケル醜行ヲ目的トスル婦女ノ勧誘ニ関スル一切ノ報道ノ蒐集《しょうしゅう》ヲ任務トスル官憲ヲ設ケ又ハ指定スルコトヲ約ス右官憲ハ他ノ各締約国ニ設ケラルル同種ノ部局ト直接ニ通信スル権能ヲ有スヘシ
第2条　各国政府ハ醜行ニ従事セシメラルヘキ婦女ノ引率者ヲ、特ニ停車場、乗船港及途中ニ於テ、捜索スル為監視ヲ為スコトヲ約ス右目的ノ為当該官吏又ハ当該資格ヲ有スル其ノ他ノ一切ノ者ニ対シ犯罪的売買ノ捜索ニ資スヘキ一切ノ報道ヲ法規ノ範囲内ニ於テ蒐集スヘキコトヲ訓令スヘシ

右売買ノ正犯、共犯又ハ被害者ト明ニ認メラルル者到着シタルトキハ必要ニ応シ目的地ノ官憲、関係ノ外交官若ハ領事館又ハ其ノ他ノ当該官憲ニ之ヲ通知スヘシ

第3条　各国政府ハ売淫ニ従事スル外国国籍ノ婦女ノ身元及身分ヲ明ニスル為並其ノ婦女ヲシテ本国ヲ去ルニ至ラシメタル者ヲ捜索スル為必要ニ応シ且法規ノ範囲内ニ於テ右婦女ノ陳述ヲ聴取セシムルコトヲ約ス蒐集セラレタル報道ハ右婦女ノ送還セラルルコトアルヘキ場合ノ為其ノ本国官憲ニ之ヲ通知スヘシ

……

《資料3》１９１０年（明治43年）５月４日　パリで作成

「醜業ヲ行ハシムル為ノ婦女売買禁止ニ関スル国際条約」

【出典】外交史料館所蔵、条101、外務省条約局『昭和6年6月、条約彙纂（一般国際条約集）第2巻第4部』。「アジ歴閲覧可」

（内容）

……

1925年（大正14年）10月21日加入通告書寄託

……
第1条　何人タルヲ問ハス他人ノ情欲ヲ満足セシムル為醜行ヲ目的トシテ未成年ノ婦女ヲ勧誘シ誘引シ又ハ拐去シタル者ハ本人ノ承諾ヲ得タルトキト雖《いえども》又右犯罪ノ構成要素タル各行為カ異リタル国ニ亙《わた》リテ遂行セラレタルトキト雖罰セラルヘシ
第2条　何人タルヲ問ハス他人ノ情欲ヲ満足セシムル為醜行ヲ目的トシテ詐欺ニ依リ又ハ暴行、脅迫、権力濫用其ノ他一切ノ強制手段ヲ以テ成年ノ婦女ヲ勧誘シ誘引シ又ハ拐去シタル者ハ右犯罪ノ構成要素タル各行為カ異リタル国ニ亙リテ遂行セラレタルトキト雖罰セラルヘシ
第3条　締約国ハ現ニ其ノ法制カ前二条ニ定ムル犯罪ヲ防遏《ぼうあつ》スルニ充分ナラサルトキハ右犯罪ヲ其ノ軽重ニ従ヒ処罰スル為必要ナル措置ヲ執リ又ハ右措置ヲ各自ノ立法機関ニ提案スヘキコトヲ約ス
……
第11条　締約国カ本条約ヲ其ノ植民地、属地又ハ領事裁判管轄地域ノ一箇又ハ数箇ニ実施セムトスルトキハ該国ハ文書ヲ以テ其ノ意思ヲ通告スヘク該文書ハ仏蘭西《フランス》共和国政府ノ記録ニ寄託セラルヘシ同政府ハ外交手続ニ依リ其ノ認証謄本ヲ各締約国ニ送付シ同時ニ其ノ寄託ノ日ヲ通知スヘシ
……
「最終議定書」
1910年（明治43年）5月4日巴里《パリ》ニ於テ署名
1925年（大正14年）12月21日公布
左ノ各全権委員ハ本日ノ条約ニ署名スルニ当リ本条約第1条、第2条及第3条ハ左ノ趣旨ニ依リ了解ス

ヘキモノナルコト並其ノ趣旨ニ従ヘハ締約国カ其ノ立法権ヲ行使シ以テ既定ノ約定ヲ実施シ又ハ之ヲ補足スルノ措置ヲ執ラムコトハ希望スヘキモノナルコトヲ指示スルヲ有益ナリト認ム

……

（ロ）第1条及第2条ニ定ムル犯罪ノ禁止ニ付テハ「未成年ノ婦女、成年ノ婦女」ナル語ハ満20歳未満又ハ以上ノ婦女ヲ指スモノト了解セラルヘシ但シ何レノ国籍ノ婦女ニ対シテモ同一ニ適用スルコトヲ条件トシテ法令ヲ以テ保護年齢ヲ更ニ高ムルコトヲ得

……

（ニ）婦女ヲ其ノ意ニ反シテ醜行ヲ業トスル屋内ニ監禁シタル場合ハ其ノ重大ナルニ拘ラス専ラ国内立法事項ニ属スルノ故ヲ以テ之ヲ本条約中ニ規定セサリシモノナリ

本最終議定書ハ本日ノ条約ノ一部ヲ成スモノト見做サルヘク且之ト同一ノ効力、価値及期間ヲ有スルモノトス

……

☆1910年（明治43年）8月22日　日韓併合。朝鮮総督府設置

《資料4》1921年（大正10年）9月30日　ジュネーヴで作成

「婦人及児童ノ売買禁止ニ関スル国際条約」

【出典】外交史料館所蔵、条101、外務省条約局『昭和6年6月、条約彙纂（一般国際条約集）第2巻第4部』。「アジ歴閲覧可」

（内容）

1925年（大正14年）9月28日批准

……

第1条　締約国ニシテ未タ1904年5月18日ノ協定及1910年5月4日ノ条約ノ当事国タラサルニ於テハ右締約国ハ成ルヘク速ニ右協定及条約中ニ定メラレタル方法ニ従ヒ之カ批准書又ハ加入書ヲ送付スルコトヲ約ス

第2条　締約国ハ男女児童ノ売買ニ従事シ1910年5月4日ノ条約第1条ニ規定スルカ如キ罪ヲ犯ス者ヲ捜索シ且之ヲ処罰スル為一切ノ措置ヲ執ルコトヲ約ス

第3条　締約国ハ1910年5月4日ノ条約第1条及第2条ニ定メタル犯罪ノ未遂及法規ノ範囲内ニ於テ該犯罪ノ予備ヲ処罰スルコトヲ確保スル為必要ナル手段ヲ執ルコトヲ約ス

……

第5条　1910年ノ条約ノ最終議定書（ロ）項ノ「満20歳」ナル語ハ之ヲ「満21歳」ニ改ムヘシ

……

第14条　本条約ニ署名スル連盟国又ハ其ノ他ノ国ハ其ノ署名カ其ノ植民地、海外属地、保護国又ハ其ノ主権若ハ権力ノ下ニ在ル地域ノ全部又ハ一部ヲ包含セサルコトヲ宣言シ得ヘク右宣言ニ於テ除外セラレタル右植民地、海外属地、保護国又ハ地域ノ何レノ為ニモ後日各別ニ加入ヲ為スコトヲ得

……
1921年9月30日「ジュネーヴ」ニ於テ本書1通ヲ作成シ之ヲ国際連盟ノ記録ニ寄託保存ス
……
日本国　下記署名ノ日本国代表者ハ政府ノ為ニ本条約第5条ニ関スル確認ヲ延期スルノ権利ヲ留保シ且其ノ署名カ朝鮮、台湾及関東租借地ヲ包含セサルコトヲ宣言ス

林権助

……

☆1923年（大正12年）9月1日　関東大震災

《資料5》1925年（大正14年）6月23日
「日本国政府宣言」

【出典】外交史料館所蔵、条101、外務省条約局『昭和6年6月、条約彙纂（一般国際条約集）第2巻第4部』。「アジ歴閲覧可」

（内容）

第2回国際連盟総会帝国全権委員ハ政府ノ為ニ1921年9月30日ノ婦人及児童ノ売買禁止ニ関スル国際条約第5条ニ関スル確認ヲ延期スルノ権利ヲ留保シ且其ノ署名カ朝鮮、台湾及関東租借地ヲ包含セサ

ルコトヲ宣言シタルカ日本国政府ハ該全権委員ノ為シタル留保ヲ確認シ且其ノ宣言ヲ更正シ玆ニ左ノ如ク宣言ス

帝国政府ハ該条約第５条及１９１０年５月４日ノ条約最終議定書（ロ）項ニ規定セラレタル年齢ノ制限ニ代フルニ満18歳ヲ以テスルノ権利ヲ留保シ且樺太及南洋委任統治地域ハ朝鮮、台湾及関東租借地ト事情ヲ同シクスルモノナルニ依リ帝国全権委員ノ署名ハ朝鮮、台湾及関東租借地ニ加フルニ樺太及南洋委任統治地域ヲ包含セス

１９２５年６月23日

《資料６》１９２７年（昭和２年）３月26日

「宣言書」

【出典】外交史料館所蔵、条１０１、外務省条約局『昭和６年６月、条約彙纂（一般国際条約集）第２巻第４部』。「アジ歴閲覧可」

（内容）

第２回国際連盟総会帝国全権委員ハ１９２１年９月30日ノ婦人及児童ノ売買禁止ニ関スル国際条約ニ署名スルニ当リ政府ノ為ニ右条約第５条ニ関スル確認ヲ延期スルノ権利ヲ保留シタルニ依リ又帝国政府ハ１９２５年６月23日付ヲ以テ為シタル宣言中ニ於テ右条約第５条及１９１０年５月４日ノ

醜業ヲ行ハシムル為ノ婦女売買禁止ニ関スル国際条約最終議定書（ロ）項ニ規定セラレタル年齢制限ニ代フルニ満18歳ヲ以テスルノ権利ヲ自己ノ為ニ保留シタルニ依リ
又帝国政府ハ1921年ノ条約第5条及1910年ノ条約最終議定書（ロ）項ニ規定セラレタル年齢ノ制限ニ関スル前記一切ノ留保ヲ今ヤ撤廃セントスルニ依リ
在巴里《パリ》国際連盟帝国事務局長タル下名ハ本国政府ノ正当ナル委任ヲ受ケ右留保ハ茲ニ本書ノ日付ヨリ撤廃セラレタルコトヲ宣ス

1927年3月26日巴里《パリ》ニ於テ

☆1931年（昭和6年）9月18日　柳条湖事件。満州事変始まる

☆1932年（昭和7年）3月1日　「満州国」建国宣言

《資料7》1932年（昭和7年）7月31日　国際連盟C・T・F・E・東洋・第35号
冊子「東洋への婦人及児童売買拡張実地調査――日本に関する報告」

【出典】外交史料館所蔵、戦前期外務省記録B．9．10．0、1・1・4、東洋ニ於ル婦女売買実地調査1件。

「アジ歴閲覧可」

（内容）

（冊子の表紙に「秘」のスタンプあり）

……（P1）日本は1904年及び1910年の国際条約に加盟せり。但し1921年の条約は朝鮮、台湾、樺太等の植民地（英文＝略）及び南洋委任統治地域、関東州租借地には之が適用なし。

……（P18）他人の売淫による所得に依て生活する者（嬪夫）を罰するの法律なし。

……（P27）公娼たり得べき最低年齢は、内地に於ては18歳、朝鮮、関東州に於ては17歳、台湾に於ては16歳なり。

……（P76）輸出取引……日本婦人及び児童にして海外に移送せらるゝ者の数は、支那に対する場合を除き其の数少し。

……（P77）支那及び満州への出稼は、日支間は旅券又は査証を要せざる関係上、正確なる数字は不明なるも日本婦人少女の満州を包含する支那への渡航は相当数に上る
日本婦人の支那出稼の主たる理由は、支那各開港地並に満州関東州各大都市に居住する日本人男子の此の種婦人に対する需要に基くものなり。

……

☆1933年（昭和8年）3月27日　日本、国際連盟脱退通告

《資料8》1933年（昭和8年）10月11日　ジュネーヴで締結
「成年婦女ノ売買禁止ニ関スル国際条約」（仮訳）
【出典】外交史料館所蔵、戦前期外務省記録B．9．10．0．1･5、国際連盟婦人児童問題1件／成

年婦女売買禁止会議関係（在寿府＝ジュネーヴ）。「アジ歴閲覧可」

（内容）

、、、、、ハ婦人及児童ノ売買禁止ヲ一層完全ニ確保セシムルコトヲ切望シ
婦人児童売買委員会ガ其ノ第12回会合ノ事業ニ関シ国際連盟理事会ニ対シ為シタル報告中ニ含マレタル勧告ヲ了承シ
婦人及児童ノ売買禁止ニ関スル１９２１年9月30日及１９１０年5月4日ノ条約並１９０４年5月18日ノ協定ヲ新条約ニ依リ完全ナラシムルコトニ決シ
之ガ為左ノ如ク其ノ全権委員ヲ任命セリ
、、、、、、、、、、、、、、
右各委員ハ其ノ全権委任状ヲ示シ之ガ良好妥当ナルヲ認メタル後左記ノ通リ協定セリ

第1条　何人タルヲ問ハズ他人ノ情欲ヲ満足セシムル為他国ニ於テ行ハルル醜行ノ目的トシテ成年ノ婦女ヲ勧誘シ誘引シ又拐去シタル者ハ本人ノ承諾ヲ得タルトキト雖《いえども》又右犯罪ノ構成要素タル各行為ガ異リタル国ニ亘《わた》リテ遂行セラレタルトキト雖《いえども》罰セラルベシ
未遂罪及法規ノ範囲内ニ於テ本犯罪ノ予備行為モ亦同様罰セラルベシ
本条ノ目的ノ為「国」ナル語ハ当該締約国ノ植民地、保護国、其ノ宗主権ノ下ニ在ル地域及締約国ニ委任ヲ託セラレタル地域ヲ含ム
……

《資料9》１９３４年（昭和９年）３月28日　外務大臣↓在寿府《ジュネーヴ》局長代理兼総領事
「成年婦女売買禁止条約ニ関スル件」
【出典】外交史料館所蔵、戦前期外務省記録Ｂ．９．10．０．１・５、国際連盟婦人児童問題１件／成年婦女売買禁止会議関係。「アジ歴閲覧可」
（内容）
成年婦女売買禁止条約ニ対スル帝国政府ノ態度ニ付委員会等ニ於テ質問アル場合ニハ左ノ趣旨ニテ応答セラレ度シ
改正刑法々案ト本条約トノ関係研究ノ結果右法案ハ条約所定ノ犯罪全部ヲ防遏《ぼうあつ》スル為必スシモ充分ナリト認メ難ク此ノ点ニ関シ目下研究中ナルニ付同条約ノ署名ハ見合ハスコトトセリ

《資料10》１９３６年（昭和11年）９月11日　外務次官↓内務次官・拓務次官・司法次官
「他人ノ醜業ニ依ル利得ヲ禁止スル為ノ国際条約草案仮訳送付ノ件」
【出典】外交史料館所蔵、茗荷谷文書Ｂ４６４。「アジ歴閲覧可」
（内容）
他人ノ醜業ニ依リ利得スルコトヲ禁遏《きんあつ》スル為ノ国際条約案及勧告案仮訳（昭11・９・11）
第１条　締約国ハ不道徳行為ニ依リ利得スル目的ヲ以テ性ノ如何ヲ問ハズ人ヲ使嗾シ、誘引シ又ハ誘拐

シタルモ者ハ其ノ方法ノ如何ニ拘ラズ総テ之ヲ処罰スベキコトヲ約ス
第2条　締約国ハ第三者ノ醜業ヲ帮助シ、教唆シ若ハ容易ナラシムルコトニ依リ又ハ右ニ依リ一切ノ物質上ノ利益ヲ獲得スルコトニ依リ不道徳行為ニ依リ利得スル一切ノ者ヲ処罰スヘキコトヲ約ス
第3条　次ノ場合ハ罪ヲ加重スヘキ場合ト看做《みな》サルヘシ
（1）被害者ガ21歳ニ達セサルカ又ハ肉体的若ハ精神的ニ虚弱ナルトキ
（2）犯罪ガ強制、暴力、脅迫、公権若ハ権力ノ濫用、偽証、欺偽又ハ毒物若ハ麻薬ノ使用ヲ方便トシテ行ハレタルトキ
（3）犯罪者ガ被害者ノ配偶者、養子若ハ婚姻ニ依ル直系尊属、兄弟姉妹又ハ保護者ナルトキ
罪ノ加重ノ効果ハ国内法ニ依リテ決定セラルベシ
……

☆1937年7月7日、日中戦争（支那事変）が起こる（盧溝橋事件）

《資料11》1937年（昭和12年）8月31日　外務次官→警視総監、各地方長官、関東州庁長官
「（機密）不良分子ノ渡支取締方ニ関スル件」
【出典】政府公表資料（警察庁提出）。国立公文書館所蔵、「内務大臣決裁書類・昭和13年（上）」所収の「支那渡航婦女に関する件（庁府県）」。外交史料館所蔵、茗荷谷文書J66

（内容）
（冒頭に「秘」の印あり）
米三機密合第3776号
従来支那ニ渡航スルニハ旅券ノ必要ナク自由ナリシ処今回ノ日支事変ニ関連シ支那在留邦人ハ多数引揚ケ其ノ遺留財産ニ対スル保護警戒等モ行渉《わた》リ兼ヌル今日或ハ残留セル邦人ヲ扇動シテ事ヲ為サントシ或ハ混乱ニ紛レテ一儲セントスル等ノ無頼不良ノ徒ノ支那渡航ハ此際厳ニ之ヲ取締ルノ必要アリ既ニ満州国及関東州ニ於テハ夫々《それぞれ》之カ措置ヲ為シ又関係在支帝国公館ヨリモ右取締方申越ノ次第アリタルニ付テハ追テ何分ノ義申進スル迄今後当分ノ間支那ニ渡航セントスル（1）一般本邦人ニ対シテハ所轄警察署長ヨリ（2）又公務ノ為派遣セラルル者ニ対シテハ派遣官公署ヨリ別紙手続ニ依リ身分証明書ヲ発給スルコトトシ右身分証明書ヲ有スルカ又ハ正式旅券ノ発給ヲ受ケタル者ノ外ハ支那ニ向ケ乗船セシメサル様御取扱相成度而シテ右身分証明書ノ発給ニ関シテハ前記ノ趣旨ニ依リ業務上又ハ家庭上其ノ他正当ナル目的ノ為至急渡支ヲ必要トスル者ノ外ハ此際可成自発的ニ渡支ヲ差控ヘシムルコトニ御取計相成以テ在支皇軍ノ軍後方地区ノ治安確保ニ協力相成様致度尚本件ノ趣旨ハ一般ニ周知方可然御取計相成度右関係官庁トモ協議ノ上依命此段申進ス
本信送付先　警視総監、各地方長官、関東州庁長官
本信写送付先　（略）

支那渡航取扱手続

1．日本内地及各植民地ヨリ支那ニ渡航スル日本人（朝鮮人及台湾籍民ヲ含ム）ニ対シテハ当分ノ間居住地所轄警察署長ニ於テ甲号様式ノ如キ身分証明書ヲ発給スルモノトス

但シ制服着用ノ日本軍人軍属ニ対シテハ此ノ限ニ在ラス

前項ノ身分証明書ハ公務ノ為派遣セラルル官吏其ノ他ノ者ニ対シテハ派遣官公署ニ於テ乙号様式ニ依リ之ヲ発給スルモノトス

2．警察署長第1項ノ身分証明書ノ下付願出アリタルトキハ本人ノ身分、職業、渡航目的、要件、期間等ヲ調査シ左ノ通取扱フ

（イ）素性、経歴、平素ノ言動等不良ニシテ渡支後不正行為ヲ為スノ虞アル者ニ対シテハ身分証明書ヲ発給セス

（ロ）業務上家庭上其ノ他正当目的ノ為至急渡支ヲ必要トスル者以外ノ者ニ対シテハ可成自発的ニ渡支ヲ差控ヘシムルモノトス

3．出発港所轄警察署長ハ第1項ノ身分証明書又ハ帝国政府発給ノ旅券ヲ有スル者ニ非ラサレハ支那ニ向ケ乗船セシメサルモノトス

4．本身分証明書ノ発給ニ対シテハ手数料ヲ徴収セス

5．本手続ハ支那行外国旅券ノ発給ヲ妨クルモノニ非ス

6．本手続ハ支那現地ノ事態ノ許ス限リ可及的速ニ之ヲ解除スルモノトス

7．本手続ハ即時施行ス

但シ第3項ニ関スル限リ昭和12年9月10日ヨリ之ヲ施行スルモノトス

（以下、甲号・乙号様式の身分証明書の書式は省略）

《資料12》１９３８年（昭和13年）２月７日　和歌山県知事↓内務省警保局長他

「時局利用婦女誘拐被疑事件ニ関スル件」

【出典】政府公表資料（警察庁提出）。国立公文書館所蔵、「内務大臣決裁書類・昭和13年（上）」の「支那渡航婦女の取扱に関する件（庁府県）」。「アジ歴閲覧可」

（内容）

刑第３０３号

昭和12年（昭和13年の明らかな間違い＝１９３８年）２月７日

和歌山県知事（警察部長）

内務省警保局長殿

（県下各警察署長殿）

時局利用婦女誘拐被疑事件ニ関スル件

当県下田辺警察署ニ於テ標記事件発生之カ取調状況左記ノ通ニ有之《これあり》候《そうろう》条《じょう》此段《このだん》及《および》申報《もうしらせ》候也《そうろうなり》

記

（県下ハ参考ノ上取締ニ資スルト共ニ自後《じご》同様犯罪アリタル場合ハ捜査着手前報告セラルベシ）

1、事件認知ノ状況

昭和13年1月6日午後4時頃管下田辺町大字神子浜通称文里飲食店街ニ於テ3名ノ挙動不審ノ男徘徊シアリ注意中ノ処《ところ》内2名ハ文里水上派出所巡査ニ対シ疑ハシキモノニ非ス軍部ヨリノ命令ニテ上海皇軍慰安所ニ送ル酌婦募集ニ来タリタルモノニシテ3千名ノ要求ニ対シ70名ハ昭和13年1月3日陸軍御用船ニテ長崎港ヨリ憲兵護衛ノ上送致済ナリト称シ立出《たちいで》（たちさるの意味）タリトノ巡査報告アリ真相ニ不審ヲ抱キ情報係巡査ヲシテ捜査セシムルニ文里港料理店萬亭事中井駒之助方ニ登楼シ酌婦ヲ呼ヒ酌セシメツ、上海行ヲ薦メツツアリテ交渉方法ニ付無智《むち》ナル婦女子ニ対シ金儲ケ良キ点軍隊ノミヲ相手ニ慰問シ食料ハ軍ヨリ支給スル等誘拐ノ容疑アリタルヲ以テ被疑ヲ同行取締ヲ開始シタリ

2、事件取調ノ状況

被疑者ヲ取締タルニ

大阪市西区仲ノ丁21
貸席業　佐賀今太郎　当45年
大阪市西区仲ノ丁1の389
貸席業　金澤甚右衛門　当42年
海南市日方町603
紹介業　平岡茂信　当40年

ト自供シ金澤甚右衛門ノ自供ニ依レバ昭和12年秋頃
大阪市西区十返町
会社重役　小西■（判読不可）夫

神戸市福原

貸席業　　中野某

大阪市西区仲ノ丁

貸席業　　藤村政次郎

ノ3名ハ陸軍御用商人氏名不詳某ト共《ともに》上京シ徳久少佐ヲ介シ荒木大将、頭山満ト会合ノ上上海皇軍ノ風紀衛生上年内ニ内地ヨリ3千名ノ娼婦ヲ送ル事トナリ詳シキ事情ヲ知ラサルカ藤村、小西両名ニテ70名ヲ送リタルカ九条警察署（大阪府）長、長崎県外事課ニ於テ便宜ヲ受ケタリ

上海ニ於テハ情交金将校5円、下士弐《に》円ニテ2年後軍ノ引揚ト共ニ引揚クルモノニシテ前借金ハ8百円迄ヲ出シ募集ニ際シ藤村政次郎ノ手先トシテ和歌山県下ニ入込ミ勝手ヲ知ラサル為右事情ヲ明シ平岡茂信ニ案内セシメ御坊町ニ於テ

[redacted]　当26年

[redacted]　当28年

ノ両名ヲ[redacted]ハ前借金470円、[redacted]ハ前借金362円ヲ支払ヒ南海市平岡茂信方ニ預ケアリト自供セリ

依テ九条警察署関係ヲ照会スルト共ニ真相ヲ明ニスル為メ[redacted]、[redacted]等ヲ同行シ事情ヲ聴取スルニ金澤甚右衛門自供ノ如ク誘拐方法ヲ供述セリ

３、身柄ノ処置
照会ニ依リ被疑者３名ノ身元ノミ判明シタルカ皇軍慰安所ノ有無不明ナルガ九条警察署ニ於テ酌婦公募証明ヲ出シタル事実判明疑義ノ点多多アリ真相確認後ニ於テ取調ヲ為スモ被疑者逃走証拠隠滅ノ虞《おそれ》ナシト認メ所轄検事ニ報告ノ上

被害者　[redacted]
〃　[redacted]
〃　[redacted]
被疑者　平岡茂信
関係人　中井駒之助
〃　弓倉スガ

ノ聴取ニ止メ１月１０日身柄ヲ釈放セルモ何時ニテモ出頭方誓言セシメタリ

４、関係方面照会状況
長崎県外事課及大阪府九条警察署ニ照会シタルニ左記ノ通リ回答アリタリ

記

（１）長崎県外事課ヨリノ回答
１３外親第１７００号
昭和１３年１月２０日

長崎県外事警察課長

和歌山県刑事課長殿

事実調査方件回答

大阪市南区仲ノ丁1ノ21

貸席業　佐賀今太郎

外2名

右者婦女誘拐ノ嫌疑ヲ以テ御取調ノ趣ニテ皇軍将兵慰安婦女ノ渡滬《とこ》（上海に渡るの意味）ニ関スル事実調査方本月18日付刑第303号ヲ以テ御照会相成候処本件ニ関シテハ客年12月21日付ヲ以テ在上海日本総領事館警察署長ヨリ本県長崎水上警察署長宛左記ノ如ク依頼越シタルヲ以テ本県ニ於テハ右依頼状ニ基キ

一、本人写真2枚ヲ添付セル臨時酌婦営業許可願

一、承諾書

一、印鑑証明書

一、戸籍謄本

一、酌婦稼業者ニ対スル調査書

ヲ所持シ合法的雇用契約ニ依リ渡滬《とこ》スルモノト認メラル

（★政府公表資料では、この個所のページの上の欄外に「中略」という言葉が印刷されている）

モノト認メラルルモノニ対シテハ渡滬《とこ》ヲ許可致居候条此段及《いたしおりそうろうじょうこのだんおよび》回答候也《そうろうなり》

皇軍将兵慰安婦女渡来ニツキ便宜供与方依頼ノ件

本件ニ関シ前線各地ニ於ケル皇軍ノ進展ニ伴ヒ之カ将兵ノ慰安方ニ付関係諸機関ニ於テ考究中ノ処《ところ》頃日来《けいじつらい》（先ごろよりの意）当館陸軍武官室憲兵隊合議ノ結果施設ノ一端トシテ前線各地ニ軍慰安所（事実上ノ貸座敷）ヲ左記要領ニ依リ設置スルコトトナレリ

記

領事館

（イ）営業願出者ニ対スル許否ノ決定

（ロ）慰安婦女ノ身元及斯《この》業ニ対スル一般契約書手続

（ハ）渡航上ニ関スル便宜取計《とりはからい》

（ニ）営業主並婦女ノ身元其他ニ関シ関係諸官署間ノ照会並回答

（ホ）着滬《ちゃっこ》ト同時ニ当地ニ滞在セシメサルヲ原則トシテ許否決定ノ上直ニ憲兵隊ニ引継クモノトス

憲兵隊

（イ）領事館ヨリ引継ヲ受ケタル営業主並婦女ノ就業地輸送手続

（ロ）営業者並稼業婦女ニ対スル保護取締

武官室
（イ）就業場所及家屋等ノ準備
（ロ）一般保健並検黴《けんばい》（梅毒に感染しているかどうか検査すること）ニ関スル件
右要領ニ依リ施設ヲ急キ居ル処既ニ稼業婦女（酌婦）募集ノ為《ため》本邦内地並朝鮮方面ニ旅行中ノモノアリ今後モ同様要務ニテ旅行スルモノアル筈《はず》ナルカ之等《これら》ノモノニ対シテハ当館発給ノ身分証明書中ニ事由ヲ記入シ本人ニ携帯セシメ居ルニ付《つき》乗船其他ニ付便宜供与方御取計相成度《かたおとりはからいあいなりたし》尚着滬《ちゃっこ》後直ニ就業地ニ赴ク関係上募集者抱主又ハ其ノ代理者等ニハ夫々《それぞれ》斯《この》業ニ必要ナル書類（左記雛形）ヲ交付シ予メ書類ノ完備方《かた》指示シ置キタルモ整備ヲ欠クモノ多カルヘキヲ予想サルルト共《とも》ニ着滬《ちゃっこ》後煩雑《はんざつ》ナル手続キヲ繰返スコトナキ様致度《いたしたき》ニ付《つき》一応携帯書類御査閲ノ上御援助相煩度此段《あいわずらわしたくこのだん》御依頼ス

前線陸軍慰安所営業者ニ対スル注意事項

前線陸軍慰安所ニ於テ稼業スル酌婦募集ニ赴キ同伴回滬《かいこ》（上海に戻ってくること）セムトスルトキハ予メ左記必要書類ヲ整ヘ着滬《ちゃっこ》ト同時ニ当館ニ願出許可ヲ受クルヘシ
若シ必要書類具備セサル場合ハ許可セサルト共ニ直ニ帰還セシムルコトアルベシ

記

一、本人写真二枚添付セル臨時酌婦営業許可願各人別ニ壹通《いっ》（様式第1号）
一、承諾書（様式第2号）

一、印鑑証明書
一、戸籍謄本
一、酌婦稼業者ニ対スル調査書（様式第3号）

昭和12年12月21日

在上海日本総領事館警察署

様式第1号

臨時酌婦営業許可願

本籍
現住所
営業場所

家号
芸名
本名

生年月日

右者今般都合ニ依リ前記場所ニ於テ臨時酌婦営業致度《いたしたく》候条御許可相成度別紙承諾書、印鑑証明、戸籍謄本調査書並写真2枚相添抱主連書ノ上此段及奉願候也

昭和　年　月　日

右本ノ何某印
抱主　何某印

在上海
日本総領事館御中

（様式第2号）

承諾書

本籍
住所
稼業人
生　年　月　日

右ノ者前線ニ於ケル貴殿指定ノ陸軍慰安所ニ於テ酌婦稼業（娼妓同様）ヲ為スコトヲ承諾仕候也《しょうだくつかまつりそうろうなり》

昭和　年　月　日

右戸主又は親権者　何　某　印
稼業人　何　某　印

（様式第3号）

酌婦稼業者何某ニ対スル調査書（調査者）

前居住地及来　年　月　日

現住所

教育程度経歴

酌婦稼業ヲ為スニ至リタル理由

刑罰ニ処セラレタル存否

両親又ハ内縁ノ夫ノ有無其ノ職業

別借金額

参考事項

備考

以上

（大阪九条警察署長ヨリノ田辺署長宛回答）

拝啓　唐突ノ儀御赦シ被下度候《くだされたくそうろう》

陳者《のぶれば》（申し上げますがの意）此ノ度上海派遣軍慰安所従業酌婦募集方ニ関シ内務省ヨリ非公式ナガラ当府警察部長ヘ依頼ノ次第モ有之当府ニ於テハ相当便宜ヲ与ヘ既ニ第1回ハ本月3日渡航セシメタル次第ニテ目下貴管下ヘモ募集者出張中ノ趣ナルカ左記ノ者ハ当署管内居住者ニシテ身元不正者ニ非サル者関係者ヨリ願出候ニ就キ之カ事実ニ相違ナキ点ノミ小職ニ於テ証明書致候間可然《かきいたしそうろうあいだしかるべく》御取計願上候

敬具

記

西区仲ノ丁1丁目　金澤甚左衛門

1月8日夜

大阪府九条警察署長　山崎石雄　［印］

和歌山県

田辺警察署長　殿

《資料13》１９３８年（昭和13年）２月23日　内務省警保局長↓各庁府県長官（除東京府知事）

秘「支那渡航婦女ノ取扱ニ関スル件」

【出典】政府公表資料（警察庁提出）。外交史料館所蔵、茗荷谷文書Ｂ５０４（この抜き書きは、これを正文とした）。国立公文書館所蔵、「内務大臣決裁書類・昭和13年（下）」所収の「支那渡航婦女に関する件」。「アジ歴閲覧可」

（内容）

（頭に朱色の「秘」のスタンプあり）

内務省発警第5号

最近支那各地ニ於ケル秩序ノ回復ニ伴ヒ渡航者著シク増加シツツアルモ是等ノ中ニハ同地ニ於ケル料理店、飲食店、「カフェー」又ハ貸座敷類似ノ営業者ト連繋ヲ有シ是等ノ営業ニ従事スルコトヲ目的トスル婦女寡《すく》ナカラザルモノアリ更ニ亦《また》内地ニ於テ是等婦女ノ募集周旋ヲ為ス者ニシテ恰《あたか》モ軍当局ノ了解アルカノ如キ言辞ヲ弄スル者モ最近各地ニ頻出シツツアル状況ニ在リ婦女ノ渡航ハ現地ニ於ケル実情ニ鑑ミルトキハ蓋《けだ》シ必要已ムヲ得ザルモノアリ警察当局ニ於テモ特殊ノ考慮ヲ払ヒ実情ニ即スル措置ヲ講ズルノ要アリト認メラルルモ是等婦女ノ募集周旋等ノ取締ニシテ適正ヲ欠カンカ帝国ノ威信ヲ毀《きずつ》ケ皇軍ノ名誉ヲ害フノミニ止マラズ銃後国民特ニ出征兵士遺家族ニ好マシカラサル影響ヲ与フルト共ニ婦女売買ニ関スル国際条約ノ趣旨ニモ悖《もと》ルコト無キヲ保シ難キヲ以テ旁、現地ノ実情其ノ他各般ノ事情ヲ考慮シ自今之ガ取扱ニ関シテハ左記各号ニ準拠スルコトト致度依命此段及通牒候

記

1、醜業ヲ目的トスル婦女ノ渡航ハ現在内地ニ於テ娼妓其ノ他事実上醜業ヲ営ミ満21歳以上且花柳病其ノ他伝染性疾患ナキ者ニシテ北支、中支方面ニ向フ者ニ限リ当分ノ間之ヲ黙認スルコトトシ昭和12年8月米三機密合第3776号外務次官通牒ニ依ル身分証明書ヲ発給スルコト

2、前項ノ身分証明書ヲ発給スルトキハ稼業ノ仮契約ノ期間満了シ又ハ其ノ必要ナキニ至リタル際ハ速ニ帰国スル様予メ諭旨《ゆし》スルコト

3、醜業ヲ目的トシテ渡航セントスル婦女ハ必ス本人自ラ警察署ニ出頭シ身分証明書ノ発給ヲ申請スルコト

4、醜業ヲ目的トスル婦女ノ渡航ニ際シ身分証明書ノ発給ヲ申請スルトキハ必ズ同一戸籍内ニ在ル最近尊属親、尊属親ナキトキハ戸主ノ承認ヲ得セシムルコトトシ若シ承認ヲ与フベキ者ナキトキハ其ノ事実ヲ明ナラシムルコト

5、醜業ヲ目的トスル婦女ノ渡航ニ際シ身分証明書ヲ発給スルトキハ稼業契約其ノ他各般ノ事項ヲ調査シ婦女売買又ハ略取誘拐等ノ事実ナキ様特ニ留意スルコト

6、醜業ヲ目的トシテ渡航スル婦女其ノ他一般風俗ニ関スル営業ニ従事スルコトヲ目的トシテ渡航スル婦女ノ募集周旋等ニ際シテ軍ノ了解又ハ之ト連絡アルガ如キ言辞其ノ他軍ニ影響ヲ及ボスガ如キ言辞ヲ弄スル者ハ総テ厳重ニ之ヲ取締ルコト

7、前号ノ目的ヲ以テ渡航スル婦女ノ募集周旋等ニ際シテ広告宣伝ヲナシ又ハ事実ヲ虚偽若ハ誇大ニ伝フルカ如キハ総テ厳重之ヲ取締ルコト又之ガ募集周旋等ニ従事スル者ニ付テハ厳重ナル調査ヲ行ヒ正規ノ許可又ハ在外公館等ノ発行スル証明書等ヲ有セス身元ノ確実ナラサル者ニハ之ヲ認メサルコト

《資料14》１９３８年（昭和13年）２月28日　外務大臣↓在支各公館長
「支那渡航婦女ノ取扱ニ関スル件」
【出典】外交史料館所蔵、茗荷谷文書Ｂ５０４。「アジ歴閲覧可」
（内容）
機密・米三機密合第２８６号
本件ニ関シ今般別紙写ノ通内務省ヨリ各地方庁ニ訓令ノ趣同省ヨリ申越ニ付右御参考迄茲《ここ》ニ送付ス
本信送付先　在支各公館長

秘・写・内務省発警第５号
昭和13年２月23日　内務省警保局長
各庁府県長官宛（除東京府知事）
支那渡航婦女ノ取扱ニ関スル件
（内容は《資料13》の通牒と同じなので省略）

《資料15》１９３８年（昭和13年）３月４日　陸軍省副官↓北支方面軍・中支派遣軍参謀長
「軍慰安所従業婦等募集ニ関スル件」
【出典】政府公表資料。防衛省防衛研究所所蔵。「アジ歴閲覧可」

（内容）
陸支密
副官ヨリ北支方面軍及《および》中支派遣軍参謀長宛通牒案
支那事変地ニ於ケル慰安所設置ノ為内地ニ於テ之カ従業婦等ヲ募集スルニ当リ故《ことさ》ラニ軍部了解等ノ名儀ヲ利用シ為ニ軍ノ威信ヲ傷ツケ且ツ一般民ノ誤解ヲ招ク虞アルモノ或ハ従軍記者、慰問者等ヲ介シテ不統制ニ募集シ社会問題ヲ惹起スル虞アルモノ或ハ募集ニ任スル者ノ人選適切ヲ欠キ為ニ募集ノ方法誘拐ニ類シ警察当局ニ検挙取調ヲ受クルモノアル等注意ヲ要スルモノ少カラサルニ就テハ将来是等ノ募集等ニ当リテハ派遣軍ニ於テ統制シ之ニ任スル人物ノ選定ヲ周到適切ニシ其実施ニ当リテハ関係地方ノ憲兵及警察当局トノ連携ヲ密《ひそか》ニシ次テ軍ノ威信保持上並ニ社会問題上遺漏ナキ様配慮相成度依命通牒ス
陸支密第７４５号　昭和13年3月4日

☆１９３８年（昭和13年）４月1日、国家総動員法公布

《資料16》１９３８年（昭和13年）５月10日　外務大臣↓在支10地域（左記）の公館長
機密「支那渡航婦女ノ取締ニ関スル件」
【出典】外交史料館所蔵、茗荷谷文書Ｂ５０４。「アジ歴閲覧可」
（内容）

条三機密合第７２３号

２月28日付米三機密第２８６号往信ヲ以テ送付セル内務省警保局長発各庁府県長官宛訓令ハ内地各地ニ於テ適当ニ履行セラレ居ル処右ノ結果現在支那各地ニ於テ此種渡航者多キニ失シ取締其ノ他ニ付種々ノ困難ヲ招キツツアリトノ声ヲ耳ニスルニ至レルヤニテ内務省ニ於テハ現地ノ状勢ニ応シテ前記訓令ノ実施ニ手心ヲ加ヘンコトヲ考慮シツツアルニ付テハ貴地ニ於ケル現在ノ実情ニ関シ各方面ノ意向ヲモ参酌セラレ前記考慮ニ有益ナルヘキ御意見及資料等成ルヘク速ニ御回報相成度シ

本信送付先　在北京、南京、上海、天津、山海関、青島、済南、博山、張家口、芝罘各公館長

《資料17》１９３８年（昭和13年）５月13日　外務次官→内務次官・司法次官

「他人ノ醜業ニ依ル利得ヲ禁止スル為ノ国際条約締結問題ニ関スル件」

【出典】外交史料館所蔵、茗荷谷文書Ｂ５０４。「アジ歴閲覧可」

（内容）

他人ノ醜業ニ依ル利得ヲ禁止スル為ノ国際条約締結問題

（条三、昭和13年５月10日作成）

1．従来ノ経緯

2．最近ノ経過

3．我方ノ取扱振

1．従来ノ経緯

国際連盟婦人児童売買委員会ハ婦女売買ノ禁止ヲ完璧ナラシムル為ニハ所謂嬪夫《びんぷ》ノ処罰ガ公娼制度ノ廃止ト共ニ必要ナル措置ナルコトヲ認メ同委員会ノ会合ニ於テ嬪夫ノ処罰問題ヲ屢々《しばしば》論ジタリ其ノ概略左ノ如シ

……

2．最近ノ経過

……

社会問題諮問委員会（婦人児童売買委員会と児童保護委員会の後身）ハ「他人ノ醜業ニ依ル利得ヲ禁止スル為ノ国際条約」草案ニ対スル各国政府ノ回答ヲ審議セル結果此等大多数ガ「他人ノ醜業ニ依ル利得ヲ禁止スル為ノ条約」ノ締結ニ賛成ナルコト了知セリ

……

連盟事務総長ハ理事会ノ委嘱ニ基キ……本件条約第2草案及小委員会ノ説明書ヲ各国政府ニ送付シ各国ノ意見表示方ヲ依頼セリ

……

右事務総長回章ハ右各国ノ回答ヲ本年（昭和13年）5月1日迄ニ受ケ度キ旨依頼シアリ

3．我方ノ取扱振

国際連盟事務総長ヨリ昭和11年6月9日付回章ヲ以テ第1条約案ヲ送付越シ帝国ノ意見表示方依頼越セルニ対シ右ニ付内務、司法、両省ニ照会シタル処内務省ヨリハ昭和12年3月11日外警334号ヲ以テ同省ハ公娼制度ニ対シ善処ス可ク目下慎重調査中ニシテ公娼制度ノ撤廃ニ至ラサル現在トシテハ本件条約案ニハ賛成シ難キ旨ノ解答アリ司法省ニテモ同様意見ナリシヲ以テ社会問題諮問委員会ニ於ケル本件ニ対スル我方ノ措置振リニ関シ横山委員ニ対シ右趣旨訓令セリ

依ツテ昭和12年4月ノ第1回社会問題諮問委員会ニ於テ横山委員ハ「我方ハ本件条約案ニ反対スルモノニ非ルモ嬪夫ノ処罰問題ハ公娼制度ト切離シテ考量スルヲ得ス公娼制度ノ廃止ニ至ラサル今日ニ於テハ我方ノ態度ヲ留保スルノ外ナク但シ個人トシテハ条約案ノ完成ヲ助長スルニ躊躇セス本件条約カ遠カラス成立シ日本政府カ参加調印スル日モ亦近キニアランコトヲ希望スル」旨述ヘ我方ノ態度ヲ表明スル所アリタリ。

《資料18》1938年（昭和13年）5月28日　在張家口総領事↓外務大臣

「支那渡航婦女取締ニ関スル件」

【出典】外交史料館所蔵、茗荷谷文書B504。「アジ歴閲覧可」

（内容）

本件ニ関シ本月10日付条三機密第723号ヲ以テ御申越ノ趣敬承当方面ニ於ケル状況左記ノ通ニシテ現在以上渡航婦女ノ取締ヲ要セサルモノト認メラル、ニ付御承知相成度此段回報申進ス

記

当地ハ客年8月皇軍入城以来急激ナル邦人ノ増加ヲ見特ニ客年末ヨリ各種商工業者ノ企業計画ニ依リ其後続々邦人ノ増加ヲ見ツヽアル処軍ノ作戦地域内ナル為従来婦女ノ雇用関係等ニ就テハ若干制限ヲ加ヘ来リシモ最近一般ニ婦女払底ニテ料理店、カフェー、旅館、飲食店等特殊営業者ノ外官公署及個人家庭ニ於テハ婦女ノ雇入レ不可能ノ状態ニアルヲ以テ当方面ヘノ婦女渡航ハ相当許可セラルヽモ活路ノ余地充分ト認メラル尚御参考迄ニ当方面ニ於ケル婦女ノ収入ヲ挙クレハ左ノ如シ

（職業別）	（月収）	（摘要）
タイピスト	50円乃至１００円	宿舎支給　食事自弁
旅館飲食店ノ女中	60円乃至１５０円	住込食事雇主負担
カフェーノ女給	１００円乃至２００円	同
芸酌婦	最高揚高７００円	同
仲居	１００円乃至３００円	同
個人家庭ノ女中	20円乃至30円	同

《資料19》１９３８年（昭和13年）５月31日　在芝罘《しふう》領事→外務大臣
「支那渡航婦女ニ関スル件」
【出典】外交史料館所蔵、茗荷谷文書Ｂ５０４。「アジ歴閲覧可」
（内容）

機密第１５７号

本件ニ関シ５月14日《ママ》付条機密合第７２３号貴信ヲ以テ調査方御下命ノ趣敬承然ル処当地ニ於ケル邦人側特殊婦女数ハ現在尚不足ノ状況ニ在リ即チ海軍陸戦隊約８００名駐屯シ且ツ砲艦モ亦常ニ碇泊シ居ルニ対シ現ニ稼業中ノ者ハ内地人13名鮮人４名計17名（復帰者ハ内地人４名鮮人４名計８名ナリシモ海軍側ノ慫態《しょうたい》モアリテ其後増加シタルモノナリ）ニテ右ノ外軍医ノ厳重検徽《けんばい》ヲ経タル支那妓女約60名ニ対シ合格証ヲ交付シ士兵ノ出入ヲ許可シ居ル現況ナリ

尤モ右ハ当地ガ一般的ニ内地其他ノ方面ニ知ラレ居ラズ且ツ治安ヲ顧慮シ渡来ヲ躊躇スルコト及ビ邦人側営業者ニ資力豊富ナル者ナク多額ノ前借ヲ支出シ得ザル事情アリテ■（判読不可）妓ノ全部ガ種々ノ点ニ於テ劣級ナルニ反シ支那妓女ハ料金モ抑《そもそも》カ低廉ナルト好奇心ヲ唆《そそ》ル等ノ関係モアル次第ニテ必ズシモ人数ニ於テ少キニ過グルニハ非ラストノ見方モ有シ得ベシ

右答申ス

本信写送付先　北京（総領事）　南京　上海　天津　山海関　青島　済南　博山　張家口

《資料20》１９３８年（昭和13年）６月１日　在山海関副領事↓外務大臣

「支那渡航婦女ノ取締ニ関スル件」

【出典】外交史料館所蔵、茗荷谷文書Ｂ５０４。「アジ歴閲覧可」

（内容）

機密第236号

本件ニ関シ5月10日付条三機密合第723号貴信御来訓ノ趣敬承当地方ニ於ケル実情左記ノ通リ報告ス

記

1、醜業ノ目的ヲ以テ支那ニ渡航セントスル邦人婦女中年齢其ノ他ノ関係ヨリ内地ニテ身分証明書ノ下付ヲ受クル望ミ薄キモノハ先ヅ証明書ヲ要セザル朝鮮又ハ満州国ニ渡リ北支居住ノ知己又ハ同業関係者等ニ呼寄方ヲ依頼シ北寧線ニヨリ北支ヘ向フモノ少ナカラズ仍《よっ》テ内地ヨリ鮮満ニ向フ婦女ニ対シ支那ヘ赴クモノト同様ノ取扱ヲ為スカ或ハ鮮満ノ官庁ニ於テ北支行キ婦女ニ対シ其ノ身元、職業等ヲ取調ベ醜業ニ従事スル疑アルモノハ出国ヲ阻止スルニアラザレバ今後此ノ経路ニ由ルモノ漸次増加スルニ至ルベシ

2、醜業ヲ目的トシ内地ヨリ当地経由北支ニ向フモノハ年齢21歳以上ノ者ハ所轄官庁ノ身分証明ヲ携帯スルモ規定年齢ニ達セザルモノハ女中又ハ女給ノ身分証明書ヲ持参スルヲ常トセリ

然レドモ其ノ行先地又ハ同行者ノ業態ヨリ見到達地ニ於テ醜業ニ従事スルモノナルコト疑ナク現ニ4月24日厚和西馬道巷12号料理店業尾籠浅次郎（当33年）ナル者婦女11名ヲ同伴当地経由厚和ニ赴ケルガ内5名ハ21歳以上ニシテ芸妓又ハ酌婦タルコトヲ明瞭ニシ居ルモ21歳未満ノ6名ハ何レモ女中ト称シ居リタルガ尾籠ノ業態ヨリスレバ此等ハ醜業ニ従事セシムルコト疑ナシト認メラレタルニ付為念厚和憲兵隊ニ同人等到着後ノ状況ヲ問合ハセシ処何レモ酌婦トシテ稼業シ居ル旨回答アリタリ

右ハ彼等ハ内地官庁カ北支方面ノ状況ニ疎キヲ利用シ職業ヲ詐称シ巧ミニ取締ノ網ヲ潜リ身分証明書ヲ取付ケタルモノト認定シ得ベク斯クテハ警保局長ノ訓令ノ履行不徹底トナル嫌モアルヲ以テ内地ニ於ケ

ル身分証明書発給ハ厳選主義ヲ執リ渡支後ノ職業ニ付テモ充分確カメ抱主ノ業態又ハ契約ノ内容等ヨリシテ醜業ニ従事スルガ如キ疑アルモノニハ発給セザル様特ニ取締ヲ励行スル方然ルベシト存ス

尚ホ本項ニツキテハ5月12日付機密第２１３号拙信御参照アリタシ

3、支那ニ於テ所謂酌婦ト称スルハ単ニ酒間ヲ斡旋スル婦女ヲ指スニアラスシテ内地ノ娼妓ト同様ノ稼業ニ従事スルモノナルガ内地婦女中ニハ往々ニシテ文字通リ解訳シ漫然渡来シ到着地ニ於テ醜業ヲ強ヒラレ其ノ瞞《あざむか》レタルヲ知リタル際ハ時既ニ遅ク後悔スルモ及ハズ不貞腐トナリ倫落ノ女ト化シ果テハ支那人ノ玩弄物トナリ邦人ノ体面ヲ汚スニ至ルモノ少ナカラザルヤニ仄聞シ居リ又芸妓ニ於テモ酌婦同様醜業ヲ強要セラレ且ツ検黴《けんばい》セラル、モノニシテ内地ニ於ケルモノト全然趣ヲ異ニシ居ルヲ以テ証明書下付ノ際此ノ辺ノ事情篤ト中聞ケ置クコト肝要ト思考セラル

4、抱主ト婦女トノ契約ニ関シテハ婦女ノ稼業地方ハ天津、北京等ノ都会地以外ハ奥地ナル関係上土地柄慰安ナク保健上ニモ種々支障多キニ付此ノ点ヲ考慮シ内地ニ比シ婦女ニ有利ナル条件ノ下ニ契約セシムルコトヲ要ス

5、当地経由北支ニ赴ク婦女中醜業ヲ目的トスルモノ、内ニハ朝鮮人相当多ク其ノ数漸次増加ノ傾向アル処彼等ハ前線ニ活動スルハ勿論都会地ニテモ稼業シ居ル関係ニ顧ミ醜業ノ為渡来スル内地婦女ヲ或ル程度迄制限スルモ左迄《さまで》需要ニ影響スルコトナカルヘシ

6、北支ニ於テハカフエー女給、ダンサーノ如キモ既ニ飽和状態ニ達シ此ノ上ノ増加ハ弊害多キニ付醜業目的ノ婦女同様ニ取締ル必要アリ且前記第2項ノ予防上ニモ効果アリト思料セラル

本信写送付先　　天津　北京総領事館　在満大使

《資料21》 1938年（昭和13年） 6月7日 在済南総領事→外務大臣
「支那渡航婦女ノ取締ニ関スル件」
【出典】 外交史料館所蔵、 茗荷谷文書B504。「アジ歴閲覧可」
（内容）
条約局機密第245号
本件ニ関シ5月10日付条三機密合723号貴信御申越ノ趣敬承仍《よっ》テ当館管内ニ於ケル取締状況等別記ノ通リ報告ス

記

（1） 本年1月当館再開後当地ニ於ケル特殊婦女即チ芸酌婦ノ数ハ皇軍ノ進出ニ伴ヒ遞増《ていぞう》シ来リ事変前僅ニ46名ニ過キサリシモノカ5月末現在ニ於テ料理店業者48軒（内地人30鮮人18） 芸酌婦438名（内地人芸妓101同酌婦110鮮人酌婦228） ノ多キニ達セリ之レ営業者カ皇軍ノ駐屯地目指シテ蝟集《いしゅう》シ来ルモノナルコト言ヲ俟《ま》タサルモ先般来某方面ニ於テハ済南ニ於ケル兵数ノ増加ト将来皇軍ノ前進スル場合ヲ見越シテ4月末迄ニハ少ナク共当地ニ500ノ特殊婦女ヲ集中シ置キ徐州攻略後ニ於テ同方面ニ多数ヲ進出セシメ度キ希望モ有リ且又実情已ム得サル次第ニテ前記ノ如キ激増ヲ見タル次第ナリ
（2） 然レ共此等特殊婦女中其ノ7割ハ満州及北支地方（北寗、 京漢、 津浦、 正太、 鉄道沿線） ニ於テ就業中ノ者カ移動シ来リタルモノニシテ他ノ3割（事変前ノ旧稼業者ヲ含ム） カ本年1月以来直接内地ヨ

リ渡航シ来リタルモノナリ
（3）右ノ外カフェー業者41軒ニ稼キ居ル女給数ハ5月末現在ニテ229名アルモ右ハ殆ント前記満州及北支地方ヨリ移動シ来リタルモノニシテ内地ヨリ直接渡来シタル者少数ナリ
（4）以上ノ如キ特殊婦女ノ激増ニ対シ当地関係方面ニ於テモ過多ナリトノ見方ヲ為スモノアル処皇軍ノ徐州占領後当地特務機関トノ打合セノ結果当館ノ証明アル者ニ限リ5月22日以降同月末迄ニ軍用車ニ便乗南下（徐州入城ハ当分許サレス臨城、克州、済寧ニ止マラシム）シタル特殊婦女数ハ186名ニシテ其ノ他当地ニ待機シ居リ徐州攻略前ヨリ密ニ南下シタル婦女ノ数ハ約300名ト称セラルル次第ニシテ当地ニ於ケル特殊婦女ノ数ハ右事情ニヨリ近ク相当減少スルモノト一般ニ観察セラル
（5）事情以上ノ通当地ニ於ケル特殊婦女中1月以来内地ヨリ直接渡来シタル者ノ比率極メテ小ナル処之カ流出防止策トシテハ内地ニ於テハ従来通リノ取締モ必要ナルコトナカラ寧口、新義州、山海関及大連等ニ於テ一層厳密ナル監視ヲ加フル要アリト思考セラル
（6）尚ホ当地方ニ於ケル皇軍兵士ノ性病患者ハ相当ノ数ニ達スルモノノ如ク当方面軍医部員ノ談ニ依レハ仮令凱旋期ニ到達スルモ故国ノ家族ニ対シテ面目ヲ失スルノミナラス皇軍ノ名誉ヲ害フ次第ナルニ付完全ニ治癒セサル内ハ凱旋セシメサル方針ナリトノコトナリ之カ感染予防ノ点ニ付テハ軍側ノ要望モアリ当館警察署ヲシテ稼業者ニ対シ厳重予防方法ヲ実施セシメ罹病者ハ休業入院加療ヲ命シ居ル次第ナルカ当地方ニ於ケル右兵士ノ性病感染経路ハ支那婦女ヨリ来リタルモノ多シト称セラレ当地薬種商方面ニテハ皇軍ノ入済以来性病薬ノ売行キハ極メテ良好ニシテ売揚高ノ約6割ヲ性病薬ニテ占メ居レリト云フ
本信写送付先　北京、南京、上海、天津、青島、張家口、芝罘、張店、博山

《資料22》１９３８年（昭和13年）６月20日　在山海関副領事→外務大臣

「支那渡航婦女ノ取締ニ関スル件」

【出典】外交史料館所蔵、茗荷谷文書Ｂ５０４。「アジ歴閲覧可」

（内容）

機密２６３号

本月１日付拙信機密公第２３６号ノ（２）ニ関シ厚和西馬道巷12号尾籠浅次郎ノ同伴セルモノハ左記11名ニシテ福岡県吉井警察署発給ノ身分証明書ヲ携帯４月24日当地通過セル者ナルガ其ノ後厚和憲兵隊ヨリノ通報ニヨレバ満21歳未満ノ婦女左記６名ハ何レモ同地西馬道巷12号料理店星月樓ニ於テ酌婦稼業ニ従事シ居ル趣ナリ、此等ハ渡航後ノ職業ヲ詐リ所轄警察署ヨリ身分証明書ヲ得タルモノナルコト推定シ得ラル、処通過地タル当地ニ於テハ内地官庁ノ身分証明書ヲ携帯セルモノヲ行先地ニ於テ醜業ニ従事スル疑アリトテ入国ヲ拒否スルコト困難ニツキ内地官庁ニ於テ証明書発給ノ際特ニ行先地ニ於ケル稼業ヲモ考慮シ下付スル様致度右前信補足旁申進ス

記

本籍　福岡県浮羽郡千年村大字橘田

住所　福岡県浮羽郡吉井町

[redacted]（当21年）

同　[redacted]（当18年）

同　[redacted]（当21年）

同　[redacted]（当19年）
同　[redacted]（当19年）
同　[redacted]（当18年）

《資料23》１９３８年（昭和13年）６月25日　在北京総領事↓外務大臣
機密第76号「支那渡航婦女ノ取締ニ関スル件」

【出典】外交史料館所蔵、茗荷谷文書Ｂ５０４。「アジ歴閲覧可」

（内容）

本件ニ関シ5月10日付条三機密合第７２３号貴信御来照ノ趣敬承当地ニ於ケル料理店、飲食店、カフェー等激増シ之ニ働ク婦女子ノ数７００余名ニシテ中ニハ当地方ノ事情ニ精通セス広告其ノ他周旋人ノ甘言ニ乗セラレ収入ヲ過大視来京シ実状ト相違セルヲ知リ困却シ居ルモノ相当数ニ上ル見込ニ付自今之等婦女ノ渡航ニ就テハ左記事項ヲ注意スル必要アルモノト認メラルルニ付可然御配慮相成様致度此段回報申進ス

記

1．料理店
当地ニ於ケル料理店ハ内地ニ於ケル貸席ト同様ニシテ芸妓、酌婦ヲシテ稼業セシムルモノナル
1．芸妓及酌婦

芸妓ノ殆《ほとん》ト大部ハ二枚鑑札ニシテ酌婦ハ内地ニ於ケル娼妓ト同様ナリ来京後此ノ業態ヲ知リ問題ヲ惹起セル事例アリ

1．女給、ダンサー、女中

内地満鮮方面ニ於テ募集ニ当リ月収300円以上アリト称シ居ル由ナルモ之等稼業者ノ収入ハ150円以下ト見ルヲ至当トスヘク尤モ「ダンサー」等ニハ相当収入アルモノアルヘシ

1．有夫ノ婦ノ渡航

有夫ノ婦ノ単独渡支ハ周囲ノ環境上面白カラサル結果ヲ生スル事例アルヲ以テ渡支出願者ニ対シ相当注意ヲ要ス

1．其ノ他

(イ) 漫然渡支ノ防止

邦人進出日ト共ニ増加シ此等邦人中ニハ視察ト称シ又ハ不確実ナル目的ヲ以テ渡支何等為スコトナク日ヲ越シ遂ニ資金ニ窮シ不正業ニ手ヲ染メ又ハ浮浪ノ徒ト交リ邦人ノ体面ヲ汚ス如キモノアルヲ以テ渡支目的ノ調査ニ当リ注意セラレ度シ

(ロ) 当地在留者ノ店員、婦女子雇入ニ際シ証明書発給ノ件

当地在留者ニシテ店員、婦女子雇入ノ為帰国ニ際シ雇入者ノ氏名ヲ願書ニ記載シ之ガ証明方願出スル向アルモ当館ニ於テ之カ証明ノ根拠ナキ為営業証明ノミヲ発給シ居ルカ之等ノ者ノ雇人渡支証明願出ニ対シテハ可成短日時ノ中ニ差支ヘナキ限リ証明書発給セラルル様希望ス

本信写送付先　　天津、上海、青島、山海関、塘沽

《資料24》1938年（昭和13年）6月29日　在青島総領事→外務大臣

「支那渡航婦女ノ取締ニ関スル件」

【出典】外交史料館所蔵、茗荷谷文書B504。「アジ歴閲覧可」

（内容）

機密第5[redacted]（判読不可）3号

本件ニ関シ5月10日付条三機密合第723号貴信ヲ以テ御来訓ノ趣敬承

6月末現在青島ニ於ケル復帰居留民数ハ内地人1万2821名朝鮮人1367名合計1万4188名ニシテ昨夏引揚当時ノ人口ノ8割強ナルカ其ノ後モ毎船復帰者少カラス近ク事変前ノ総数1万6500名ニ達スルノミナラス7月1日以降復帰者以外ノ者ニ対シテモ渡航ヲ許可セラルルコトナルヲ以テ年内ニ2万ヲ突破スルコト容易ナリト思考セラルル処今日迄一般渡航者ニ対シ制限ヲ加ヘラレタル結果当地ニ新規ニ渡航セル特殊婦女数ハ比較的少数ニシテ6月中旬現在ノ特殊婦女数ハ

芸妓　219名

酌婦　243名

カフェー女給　236名

ダンサー　118名

合計　816名
ニシテ事変前ト略同数ナルカ当館警察署ニ於テハ此等特殊婦女ニ対シ厳重ニ保護及取締ヲ加ヘ居リ当地ニ関スル限リ今日迄別段問題ヲ惹起シ居ラス
一方当地海軍側ハ陸戦隊並第4艦隊乗組兵員数ヲ考量シ芸酌婦合計150名位増加ヲ希望シ居リ陸軍側ハ兵員70名ニ対シ1名位ノ酌婦ヲ要スル意向ナルカ当地ハ警備軍ノ移動頻繁ニシテ所要特殊婦女数ノ算定困難ナリトノコトナルモ営業者等ノ希望ヲ参酌シ今後更ニ芸妓40名酌婦50名（内鮮妓15名）位新規渡航ヲ御許可相成差支ナキモノト思料セラル
右報告申進ス
本信送付先　　北京（総）、上海、天津、済南、芝罘

《資料25》1938年（昭和13年）6月30日　外務省条約局長↓内務省警保局長
「支那渡航婦女ノ取締ニ関スル件」
【出典】外交史料館所蔵、茗荷谷文書B504。「アジ歴閲覧可」
（内容）
条三機密第480号
支那渡航婦女ノ取締ニ関スル件
本年2月23日付貴局長発各庁府県長官宛訓令ニ関シ在支各公館所在地ニ於ケル実情ヲ調査セシメ本件ニ

関スル意見並ニ資料ヲ求メタル処今日迄回報アリタルモノ4館ニ過キサルモ不取敢右結果取纏メ左ノ通報告ス

記

支那ヘ渡航ノ婦女取締ニ関スル件

（済南、張家口、芝罘、山海関ヨリ報告アリタルモノニ依ル）

1．入支ノ経路

5月下旬現在ニ於ケル北支各地ノ醜業婦ハ従来ヨリ北支、満州ニ在リタル醜業婦ノ移動集散シタルモノガ其ノ大部分ヲ占メ内地ヨリ渡航醜業ニ従事スルモノハ未ダ少数ナリ而シテ内地ヨリ渡支スル醜業婦ニシテ身分証明書ノ下付ヲ受クル望ミ薄キモノハ一旦朝鮮又ハ満州ニ到リタル後北支居住ノ知己又ハ同業関係者ニ呼寄方ヲ依頼シテ北支ヘ向フモノ少ナカラズ

（年齢ノ関係ニ依リ取締規則ニ依ル証明書ヲ受ケ得ザルモノハ女給、女中等ノ身分証明書ヲ受ケ入支後醜業ニ従事スルモノアリ）

2．醜業婦ノ分布状態

山海関ニ於テハ「同地経由北支ニ赴ク婦女ニシテ醜業ニ従事スルモノノ内ニハ朝鮮人相当多ク其ノ数漸次増加ノ傾向ニアル処是等ハ前線ニ活動スルハ勿論都会地ニテモ稼業シ居リ内地ヨリノ渡航者ヲ或程度制限スルモ左迄《さまで》需要ニ影響スルコトナカルヘシ」トス

済南付近ニハ別表ノ如ク事変前ノ約10倍ノ醜業婦アルモ現在ニ於テハ事情已ムヲ得ズトス。又徐州陥落前ヨリ密ニ南下セル婦女300名アリト称セラレ5月22日以後軍用車ニテ南下セルモノ186名アリ

芝罘ニ在ル稼業者ハ別表（17名）ノ如クナルモ支那妓女多数（60名）アリ
張家口ハ醜業婦ノ数、入支婦女ニ関スル取締ニ関シ具体的ノ報告ナキモ一般ニ婦女払底ナル趣ナリ、尚同地婦女ノ収入ヲ通報セルニ付参考迄ニ挙グレバ左ノ如シ

芸酌婦　　最高揚高　７００円　　住込食事雇主負担
カフェー女給　１００円乃至２００円　〃
仲居　　１００円乃至３００円　〃

【別表】北支各地ニ於ケル醜業婦女数（5月末現在）
（事変後）　（備考）

済南　内地人
　芸妓１０１、酌婦１１０
鮮人
　芸妓　—、　酌婦２２８
（計）４３８
女給２２９

芝罘
　内地人稼業者　13
　鮮人稼業者　4

山海関

計　17

上記ノ外支那妓女約60名アリ

山海関経由北支ニ赴ク婦女中醜業ヲ目的トスルモノノ内鮮人相当多ク現在ハ内地婦女ノ渡支ヲ或程度制限スルモ左迄《さまで》需要ニ影響スルコトナカルベシ

張家口

最近一般ニ婦女払底ノ傾向アリトス

3．取締ニ関スル意見

（イ）醜業ニ従事セシムル婦女ヲ女給、女中等ノ名義ニテ内地官庁ノ身分証明書ヲ受ケシメ傭入ルルモノ又ハ婦女ノ無智ニ付入リ実状ヲ隠蔽シテ傭入《やといいれ》醜業ニ従事セシムル等ノ事実アルノミナラス而モ通過地ニ於テハ内地官庁ノ身分証明書ヲ携行セルモノヲ行先地ニ於テ醜業ニ従事スル疑アリトテ入国ヲ拒否スルコト困難ナルニ付内地官庁ニ於テ証明書発給ノ際特ニ行先地ニ於ケル稼業ヲモ考慮シ下付スルコトヲ要ス（山海関）

（ロ）前記入支経路ニ徴シ内地ヨリノ婦女流出防止策トシテハ従来通リノ内地ニ於ケル取締モ必要ナルガ寗口、新義州、山海関及大連等ニ於テ一層厳密ナル監視ヲ加フル要アリ（済南）

（ハ）北支ニ於テハ「カフェー」女給、「ダンサー」ノ如キモ既ニ飽和状態ニ達シ此ノ上ノ増加ハ弊害多キニ付醜業婦同様取締ル必要アリ之ハ又前項（イ）ノ如キ虚偽ノ申出ニ依ル身分証明書下付ヲ妨グルコトヲ得ベシ（山海関）

《資料26》１９３８年（昭和13年）７月１日　在南京総領事→外務大臣

「支那渡航婦女ノ取締ニ関スル件回答」

【出典】外交史料館所蔵、茗荷谷文書Ｂ５０４。「アジ歴閲覧可」

（内容）

機密第２１８号

首題ノ件ニ関シ５月10日付条三機密合第７２３号貴信ヲ以テ御申越ノ処南京ニ関スル限リ此ノ種渡来者ハ現在ニ於テモ尚過多ト迄ハ行カス需要ヲ充シ得サル有様ニテ各料理店共午後８、９時トモナレハ俗ニ言フ箱切レノ盛況ナリサレト其ノ営業対照《ママ》（象）タル軍関係者カ今後共其ノ数ヲ現状ニ維持シ居ルモノナルヤ否ヤ保証ノ限リニ非ス且当地並ニ其ノ他ノ各方面ニ於テ需給相伴ハス一獲千金ノ夢ヲ貪リタル当初（当地ナレハ本年初メヨリ４月頃迄上海方面ナレハ昨年事変発生直後ヨリ本年１、２月頃迄）ノ好景気風ハ相当日本内地ニモ伝ヘラレタル趣ニテ目下逐次渡来者増加シツツアレハ今後相当厳重ニ取締ラサレハ遠カラスシテ之カ氾濫ヲ来シ各自生計ニ困難ヲ来スコト予測ニ難カラス殊ニ又今日迄ノ処我領事館方面ノ進出ハ軍部方面ヨリ１日遅レタル為自然軍兵站部或ハ軍特務部等各方面ニ於テ随時許可又ハ施設ヲナサシメタル為現在ハ相当障害ニ逢着シ現ニ内地親元ヨリ捜査願ヒ又ハ本人或ハ親元ヨリカカル醜業不承諾ニヨル帰郷取計ヒ願ヒ等殺到ノ状況ナレハカカル現状ニ鑑ミ今後内地ヨリノ出航許可ニハ左記条件ヲ具備セシメラルルコト必要ナリ

１．外地ニ於ケル酌婦稼業トハ内地ニ於ケル娼妓稼業ナルコト本人並ニ親権者ニ於テ承知ノコト

２．現在ニ於テハ芸妓稼業亦娼妓稼業ト大差ナク然ラサレハ前借返還ニモ困難ナルコト多キコト

3．親権者ノ醜業婦稼業ノ承諾書ヲ携帯シ居ルコト（承諾書ノ印ハ印鑑証明書添付ノコト）
4．雇用契約ノ契約条件ハ醜業婦其ノ者ノ為不利益ナラサル様十二分ニ完備シ居ルコト
5．花柳病又ハ其ノ他ニ於テモ特ニ健康タルコト
6．上海、南京等各地共事変前ノ此ノ種営業者以外ニ抱ヘラルル場合ハ営業所ヲ転々移動スルコトアルヘキコト承諾ノコト
7．収入ハ内地ノ一般ヨリ多少トモ宜シキ様ナルモ衣類化粧品等身廻品ハ内地ヨリモ著シク高価ニシテ2倍3倍ノ価格珍ラシカラス収入評価ノミニテハ誤算多キコト
8．今後現在ノ如キ好景気ハ永続性ニ乏キコト
右御参考迄回答申進ス

《資料27》１９３８年（昭和13年）7月14日　外務省条約局長→内務省警保局長
「支那渡航婦女取締ニ関スル件」
【出典】外交史料館所蔵、茗荷谷文書Ｂ５０４。「アジ歴閲覧可」
（内容）
条三機密第５３０号
本件ニ関シテハ累次申進置キタル処今般在北京堀内総領事及在南京花輪総領事ヨリ夫々別途ノ如キ報告（付属甲ハ北京、乙ハ南京）アリタルニ付右写各1部茲《ここ》ニ送付ス

【付属甲】
支那渡航婦女ノ取締ニ関スル件
北京ニ於ケル料理店、飲食店、カフェー等激増シ之ニ働ク婦女子ノ数700余名ニシテ中ニハ当地方ノ事情ニ精通セス広告其ノ他周旋人ノ甘言ニ乗セラレ収入ヲ過大視来京シ実情ト相違セルヲ知リ困却シ居ルモノ相当数ニ上ル見込ニ付自今之等婦女子ノ渡航ニ就テハ左記事項ヲ注意スル必要アルモノト認メラルルニ付可然御配慮相成様致度此段回報申進ス

記

1．料理店
当地ニ於ケル料理店ハ内地ニ於ケル貸席ト同様ニシテ芸妓、酌婦ヲシテ稼業セシムルモノナリ
1．芸妓及酌婦
芸妓ノ殆《ほとん》ト大部ハ二枚鑑札ニシテ酌婦ハ内地ニ於ケル娼妓ト同様ナリ来京後此ノ業態ヲ知リ問題ヲ惹起セル事例アリ
1．女給、ダンサー、女中
内地満鮮方面ニ於テ募集ニ当リ月収300円以上アリト称シ居ル由ナルモ之等稼業者ノ収入ハ150円以下ト見ルヲ至当トスヘク尤モ「ダンサー」等ニハ相当収入アルモノアルヘシ

【付属乙】
支那渡航婦女ノ取締ニ関スル件回答
南京ニ関スル限リ此ノ種渡来者ハ現在ニ於テモ尚過多ト迄ハ行カス需要ヲ充シ得サル有様ニテ各料理店

共午後8、9時トモナレハ俗ニ言フ箱切レノ盛況ナリサレト其ノ営業対照《ママ》（象）タル軍関係者カ今後共其ノ数ヲ現状ニ維持シ居ルモノナルヤ否ヤ保証ノ限リニ非ス且当地並ニ其ノ他ノ各方面ニ於テ需給相伴ハス一獲千金ノ夢ヲ貪リタル当初（当地ナレハ本年初メヨリ4月頃迄上海方面ナレハ昨年事変発生直後ヨリ本年1、2月頃迄）ノ好景気風ハ相当日本内地ニモ伝ヘラレタル趣ニテ目下逐次渡来者増加シツツアレハ今後相当厳重ニ取締ラサレハ遠カラスシテ之カ氾濫ヲ来シ各自生計ニ困難ヲ来スコト予測ニ難カラス殊ニ又今日迄ノ処我領事館方面ノ進出ハ軍部方面ヨリ1日遅レタル為自然軍兵站部或ハ軍特務部等各方面ニ於テ随時許可又ハ施設ヲナサシメタル為現在ハ相当障害ニ逢着《ほうちゃく》シ現ニ内地親元ヨリ捜査願ヒ又ハ本人或ハ親元ヨリカカル醜業不承諾ニヨル帰郷取計ヒ願ヒ等殺到ノ状況ナレハカカル現状ニ鑑ミ今後内地ヨリノ出航許可ニハ左記条件ヲ具備セシメラルコト必要ナリ

1. 外地ニ於ケル酌婦稼業トハ内地ニ於ケル娼妓稼業ナルコト本人並ニ親権者ニ於テ承知ノコト
2. 現在ニ於テハ芸妓稼業亦娼妓稼業ト大差ナク然ラサレハ前借返還ニモ困難ナルコト多キコト
3. 親権者ノ醜業婦稼業ノ承諾書ヲ携帯シ居ルコト（承諾書ノ印ハ印鑑証明書添付ノコト）
4. 雇用契約ノ契約条件ハ醜業婦其ノ者ノ為不利益ナラサル様十二分ニ完備シ居ルコト
5. 花柳病又ハ其ノ他ニ於テモ特ニ健康タルコト
6. 上海、南京等各地共事変前ノ此ノ種営業者以外ニ抱ヘラルル場合ハ営業所ヲ転々移動スルコトアルヘキコト承諾ノコト
7. 収入ハ内地ノ一般ヨリ多少トモ宜シキ様ナルモ衣類化粧品等身廻品ハ内地ヨリモ著シク高価ニシテ2倍3倍ノ価格珍ラシカラス収入評価ノミニテハ誤算多キコト

8．今後現在ノ如キ好景気ハ永続性ニ乏キコト

《資料28》1938年（昭和13年）9月6日　外務省亜米利加局→日本遊船、大阪商船、国際汽船、大連汽船、川崎汽船、「ツーリスト、ビューロー」

「邦人ノ渡支取締ニ関スル件」

【出典】外交史料館所蔵、茗荷谷文書J68

（内容）

米三普通合第4229号

邦人ノ渡支取締ニ関シテハ事変突発以来必要ニ応シ之ヲ制限シ来レルカ近来我カ軍占拠地ノ治安回復ニ伴ヒ曩《さき》ニ復帰者ノ渡航ヲ許シ又7月上旬初渡航者ノ制限撤廃ヲモ為シタルハ御承知ノ通リニシテ尚之等渡航者ハ必ス公用渡支者ハ派遣官公署又ハ一般渡支者ハ在支公館長若ハ内地警察署長発給ノ身分証明書ノ所持ヲ要スル次第ナル処今般在支公館ヨリノ報告ニ依レハ渡支者中右証明書ヲ所持セサル者亦官公吏ニアラサル一般渡支者ニシテ警察署長発給ノ身分証明書ノ替リニ市町村長ノ発給セル身分証明書ヲ以テ渡航セル向有之趣ナル処右ハ統制上必要アルニ付将来渡支者ニ対シテハ乗船券発売ノ砌《さい》前記警察署長其ノ他ノ発給ニ係ル身分証明書所持ノ有無厳重御取調ノ上右所持ナキ向ニ対シテハ所定ノ証明書入手方注意セラルル様可然《しかるべく》御取計相成度此段申進ス

本信送付先　日本遊船、大阪商船、国際汽船、大連汽船、川崎汽船、「ツーリスト、ビューロー」

《資料29》1938年（昭和13年）11月4日　内務省警保局警務課長・同局外事課長↓警保局長
「支那渡航婦女ニ関スル件伺《うかがい》」

【出典】政府公表資料（警察庁提出）。国立公文書館所蔵、「内務大臣決裁書類・昭和13年（下）」所収の「支那渡航婦女に関する件」。すべて手書き。判読が困難な漢字の読みは、吉川春子『従軍慰安婦――新資料による国会論戦』（1997年、あゆみ出版）や《資料30》の「清書版」を参考にした。「アジ歴閲覧可」

（内容）

（冒頭に赤字のマル秘マークあり）

本日南支派遣軍古荘部隊参謀陸軍航空兵少佐久門有文及陸軍省徴募課長ヨリ南支派遣軍ノ慰安所設置ノ為必要ニ付醜業ヲ目的トスル婦女約4百名ヲ渡航セシムル様配意アリタシトノ申出アリタルニ付テハ、本年2月23日内務省発警第5号通牒ノ趣旨ニ依リ之ヲ取扱フコトトシ、左記ヲ各地方庁ニ通牒シ密ニ適当ナル引率者（抱主）ヲ選定之ヲシテ婦女ヲ募集セシメ現地ニ向ハシムル様取計相成可然哉

追テ既ニ台湾総督府ノ手ヲ通ジ同地ヨリ約3百名渡航ノ手続済ノ趣ニ有之

記

1、内地ニ於テ募集シ現地ニ向ハシムル醜業ヲ目的トスル婦女ハ約4百名程度トシ、大阪（100名）、京都（50名）、兵庫（100名）、福岡（100名）、山口（50名）ヲ割当テ県ニ於テ其ノ引率者（抱主）ヲ選定シテ之ヲ募集セシメ現地ニ向ハシムルコト

2、右引率者（抱主）ハ現地ニ於テ軍慰安所ヲ経営セシムルモノナルニ付特ニ身元確実ナル者ヲ選定スルコト

3、右渡航婦女ノ輸送ハ内地ヨリ台湾高雄マデ抱主ノ費用ヲ以テ陰ニ連行シ同地ヨリハ大体御用船ニ便乗現地ニ向ハシムルモノトス。尚右ニ依リ難キ場合ハ台湾高雄広東間ニ定期便船アルヲ以テ之ニ依リ引率者同行スルコト

4、本件ニ関スル連絡ニ付テハ参謀本部第1部第2課今岡少佐、吉田大尉之ニ当ル尚現地ハ軍司令部峯木少佐之ニ当ル。

5、以上ノ外尚之等婦女ヲ必要トスル場合ハ必ズ古荘部隊本部ニ於テ南支派遣軍ニ対スルモノ全部ヲ統一シ引率許可証ヲ交付スル様取扱フコトトス（久門参謀帰軍ノ上直ニ各部隊ニ対シコノ旨示達ス）

6、本件渡航ニ付テハ内務省及地方庁ハ之ガ婦女ノ募集及出港ニ関シ便宜ヲ供与スルニ止メ、契約内容及現地ニ於ケル婦女ノ保護ハ軍ニ於テ充分注意スルコト

7、以上ニ依リ且《かつ》本年2月23日当局通牒ヲ考慮シ本件渡航婦女ニ対シテハ左記ニ依リ各地方庁ニ於テ取扱ハシムルコト

☆（以下、後で出てくる通牒案の下書きの一部と思われる文書が1頁分だけあり）

（イ）引率者（抱主）、現地ニ於テハ責任アル経営者（抱主又ハ管理者）ヲ必要トスルニ付、醜業ヲ目的トシテ渡航スル婦女ノ引率者ノ身元ハ特ニ確実且《かつ》相当数ノ醜業婦女ヲ引率シ現地ニ到リ軍慰安所ヲ経営

シ得ルモノヲ選定スルコト

☆（以下、前記の5項の途中から6、7を清書したと思われる文書）

テ南支派遣軍ニ対スルモノ全部ヲ統一シ引率許可証ヲ交付スル様取扱フコトトス（久門参謀帰軍ノ上直ニ各部隊ニ対シコノ旨示達ス）

6、本件渡航ニ付テハ内務省及地方庁ハ之ガ婦女ノ募集及出港ニ関シ便宜ヲ供与スルニ止メ、契約内容及現地ニ於ケル婦女ノ保護ハ軍ニ於テ充分注意ス

7、以上ニ依リ且《かつ》本年2月23日警保局長通牒ヲ考慮シ本件渡航婦女ニ対シテハ左記ノ如ク前記各府県ニ通牒シ之ヲ取扱ハシムルコト（不取敢《とりあえず》電話シ更ニ書面ヲ発送スルコト）

☆（以上、清書部分終わり）

通牒案　　警保局長

警保局警発甲第136号　11月8日施行

大阪、京都、兵庫　福岡、山口（以上の）各府県知事宛

南支方面渡航婦女ノ取扱ニ関スル件

（上部に「引率者23名、予定数全部渡航済」の書き込みあり）
支那渡航婦女ニ関シテハ本年2月23日内務省発警第5号通牒ノ次第モ有之候処南支方面ニ於テモ之等醜業ヲ目的トスル特殊婦女ヲ必要トスル模様ナルモ未ダ其ノ渡航ナク現地ヨリノ希望ノ次第モ有之事情已ムヲ得ザルヤニ認メラルルニ付テハ本件極秘ニ左記ニ依リ之ヲ取扱フコトト致度ニ付御配意相成度

記

1．抱主タル引率者ノ選定及取扱

（イ）引率者（抱主）ハ貸座敷業者等ノ中ヨリ身元確実ニシテ南支方面ニ於テ軍慰安所ヲ経営セシムルモ支障ナシト認ムル者ヲ抱主タル引率者トシテ選定シ、之ニ対シ南支方面ニ軍慰安所ノ設置ヲ許サルル模様ニ付若シ其ノ設置経営ノ希望アルニ於テハ便宜関係方面ニ推薦スル旨ヲ懇談シ何処迄モ経営者ノ自発的希望ニ基ク様取運ビ之ヲ選定スルコト

（ロ）醜業ヲ目的トシテ南支方面へ渡航ヲ認ムル婦女数ハ約4百名トス。之ヲ大阪府約100名、京都府約50名、兵庫県約100名、福岡県約100名及ビ山口県約50名ヲ割当ラレタルニ付テハ之ヲ引率スル為適当ナル者ヲ前項ニ依リ選定シ其ノ引率者（抱主）ニ限リ陰ニ行フ右婦女ノ雇入レヲ認メ其ノ渡航ハ以下各項ニ依リ取扱フコト、但シ渡航スル婦女ノ出府県ハ右指定府県以外ニテモ差シ支ナキコト

（ハ）一引率者（抱主）ノ引率スル婦女ノ数ハ10名乃至30名程度ト為スコト

（ニ）前3項ニ依リ慰安所経営ヲ希望スル者アルトキハ直ニ其ノ引率者タル経営者ノ住所氏名、経歴及引率予定婦女数ヲ密ニ電話等ニ依リ内務省ニ通報スルコト

（ホ）前項報告ニ基キ軍部ノ証明書ヲ送付スルニ付之ニ依リ右醜業ヲ目的トシテ渡航スル婦女ヲ密ニ募

集スルコト
（ヘ）前項渡航婦女ノ内地出港ノ場合ハ其ノ引率者氏名、渡航婦女ノ数、内地出港地名予定月日及台湾高雄到着予定月日（内地ヨリ高雄マデノ旅費ハ引率者負担）ヲ内務省ニ通報スルコト（此ノ通報ニ依リ台湾ヨリノ便船ヲ手配ス）尚高雄ヨリノ便船ヲ得ラレザルトキハ同地ニテ広東行商船ニ依リ渡航スルコト（此ノ場合ニハ船賃ハ引率者ノ負担トス）

（上部に「基隆　第1船舶輸送司令部基隆支部　■■■■■（判読不可）」「引率者ガ電報ニテ其ノ引率婦女ノ数及乗船日時、基隆着時間ヲ通知スルコト」との書き込みあり）

2．渡航婦女
（イ）醜業ヲ目的トスル渡航婦女ハ現在内地ニ於テ娼妓其ノ他事実上醜業ヲ営ミ居ル者ニシテ満21才以上且身体強壮ナルモノ
（ロ）前項ノ外本年2月23日警保局長通牒ニ依リ取扱フコト
（ハ）醜業ヲ目的トスル渡航婦女ニ対スル身分証明書ハ発給前健康証明書ヲ提出セシムルカ又ハ健康診断ヲ行フ等健康ナルコトヲ認メタル上之ヲ交付スルコト

3、引率者（抱主）トノ契約
（イ）引率者（抱主）ト渡航婦女トノ締結スル前借契約ハ可成短期間ノモノトシ前借金ハ可成小額ナラシムルコト
（ロ）其ノ他稼業ニ関スル一切ノ事項ハ現地軍当局ノ指示ニ従フコト

4、募集

醜業ヲ目的トスル渡航婦女ノ募集ハ営業許可ヲ受ケタル周旋人ヲシテ陰ニ之ヲ為サシメ、其ノ希望婦女子ニ対シテハ必ズ現地ニ於テハ醜行ニ従事スルモノナルコトヲ説明セシムルコト、尚周旋料等ハ引率者（抱主）ニ於テ負担セシムルコト

5、予防注射、健康診断等

（イ）伝染病ノ予防注射ハ現地ニ於テ軍之ヲ行フ。

（ロ）健康診断ハ随時軍医ニ於テ之ヲ実施ス

（ハ）治療ニ要スル衛生材料ハ経営者ノ負担トス但シ現地ノ状況ニ依リ薬品等補充困難トスル向ニ対シテハ当分ノ間軍ヨリ之ヲ支給スル予定

6、慰安所設置場所、監督

（イ）慰安所設置ノ場所及建物ハ現地ノ状況ニ依リ当分ノ間軍ニ於テ之ヲ選定使用セシムル見込其ノ変更ニ付亦同ジ

（ロ）其ノ他軍ニ於テ指揮監督スルモノトス

第2案

警保局警発甲第136号ノ2

内務省警保局長

庁府県長官（大阪、京都、兵庫、福岡、山口ノ各府県ヲ除ク）

南支方面渡航婦女ノ取扱ニ関スル件

今般已ムヲ得ズ南支方面へ醜業ヲ目的トスル婦女約4百名ノ渡航ヲ認ムルコトト相成之ヲ引率スル者（抱主）ヲ大阪、京都、兵庫、福岡及ビ山口ノ各府県下ヨリ選定シ之ガ婦女ヲ募集スル為別紙ノ通右府県ニ通牒致置候ニ付テハ或ハ貴管下ヨリモ右渡航ニ参加スル婦女アリト思料スルニ付予メ御含置相成度為念申進候

◇

（以下の名刺が最後に張り付けてある）

（名刺表）

南支派遣軍参謀（ペン書き）

陸軍航空兵少佐　久門有文（ここは活字。下にペン書きの花押あり）

警保局長閣下（ペン書き）

（名刺裏＝すべてペン書き）

娘子軍約5百名

広東に御派遣方

御斡旋願上候

《資料30》１９３８年（昭和13年）11月8日　内務省警保局長↓大阪、京都、兵庫、福岡、山口各府県知事

「南支方面渡航婦女ノ取扱ニ関スル件」

【出典】国立公文書館所蔵の「種村氏警察参考資料第63集」の「昭和14年8月現在、警保局警務課『極秘・支那事変関係通牒集』」所収。《資料29》の通牒案を「手書き版」とすれば、こちらは正式な通牒で「清書版」というべきもの。「アジ歴閲覧可」

（内容）

南支方面渡航婦女ノ取扱ニ関スル件

（昭和13年11月8日　警保局警発甲第１３６号　警保局長ヨリ大阪、京都、兵庫、福岡、山口各府県知事）

支那渡航婦女ニ関シテハ本年2月23日内務省発警第5号通牒ノ次第モ有之候処南支方面ニ於テモ之等醜業ヲ目的トスル特殊婦女ヲ必要トスル模様ナルモ未ダ其ノ渡航ナク現地ヨリノ希望ノ次第モ有之事情已ムヲ得ザルヤニ認メラルルニ付テハ本件極秘ニ左記ニ依リ之ヲ取扱フコトト致度ニ付御配意相成度

記

1．抱主タル引率者ノ選定及取扱

（イ）引率者（抱主）ハ貸座敷業者等ノ中ヨリ身元確実ニシテ南支方面ニ於テ軍慰安所ヲ経営セシムルモ支障ナシト認ムル者ヲ抱主タル引率者トシテ選定シ、之ニ対シ南支方面ニ軍慰安所ノ設置ヲ許サルル

模様ニ付若シ其ノ設置経営ノ希望アルニ於テハ便宜関係方面ニ推薦スル旨ヲ懇談シ何処迄モ経営者ノ自然的希望ニ基ク様取運ビ之ヲ選定スルコト

（ロ）醜業ヲ目的トシテ南支方面ヘ渡航ヲ認ムル婦女数ハ約4百名トス。之ヲ大阪府約１００名、京都府約50名、兵庫県約１００名、福岡県約１００名及ビ山口県約50名ヲ割当ラレタルニ付テハ之ヲ引率スル為適当ナル者ヲ前項ニ依リ選定シ其ノ引率者（抱主）ニ限リ陰ニ行フ右婦女ノ雇入レヲ認メ其ノ渡航ハ以下各項ニ依リ取扱フコト、但シ渡航スル婦女ノ出府県ハ右指定府県以外ニテモ差支ナキコト

（ハ）一引率者（抱主）ノ引率スル婦女ノ数ハ10名乃至30名程度ト為スコト

（ニ）前三項ニ依リ慰安所経営ヲ希望スル者アルトキハ直ニ其ノ引率者タル経営者ノ住所氏名、経歴及引率予定婦女ノ数ヲ密ニ電話等ニ依リ内務省ニ通報スルコト

（ホ）前項報告ニ基キ軍部ノ証明書ヲ送付スルニ付之ニ依リ右醜業ヲ目的トシテ渡航スル婦女ヲ密ニ募集スルコト

（ヘ）前項渡航婦女ノ内地出港ノ場合ハ其ノ引率者氏名、渡航婦女ノ数、内地出港地名予定月日及台湾高雄到着予定（内地ヨリ高雄マデノ旅費ハ引率者負担）ヲ内務省ニ通報スルコト（此通報ニ依リ台湾ヨリノ便船ヲ手配ス）尚高雄ヨリノ便船ヲ得ラレザルトキハ同地広東行商船ニ依リ渡航スルコト（此ノ場合ニハ引率者ノ負担トス）

2．渡航婦女

（イ）醜業ヲ目的トスル渡航婦女ハ現在内地ニ於テ娼妓其ノ他事実上醜業ヲ営ミ居ル者ニシテ満21才以上且身体強壮ナルモノ

（ロ）前項ノ外本年2月23日警保局長通牒ニ依リ取扱フコト

（ハ）醜業ヲ目的トスル渡航婦女ニ対スル身分証明書ハ発給前健康証明書ヲ提出セシムルカ又ハ健康診断ヲ行フ等健康ナルコトヲ認メタル上之ヲ交付スルコト

3、引率者（抱主）トノ契約

（イ）引率者（抱主）ト渡航婦女トノ締結スル前借契約ハ可成短期間ノモノトシ前借金ハ可成小額ナラシムルコト

（ロ）其ノ他稼業ニ関スル一切ノ事項ハ現地軍当局ノ指示ニ従フコト

4、募集

醜業ヲ目的トスル渡航婦女ノ募集ハ営業許可ヲ受ケタル周旋人ヲシテ陰ニ之ヲ為サシメ、其ノ希望婦女子ニ対シテハ必ズ現地ニ於テハ醜行ニ従事スルモノナルコト（この後に続く記述で、前記《資料29》の通牒案にあった「ヲ説明セシムルコト」がなくなる）、尚周旋料等ハ引率者（抱主）於《ママ》テ負担セシムルコト

5、予防注射、健康診断等

（イ）伝染病ノ予防注射ハ現地ニ於テ軍之ヲ行フ

（ロ）健康診断ハ随時軍医ニ於テ之ヲ実施ス

（ハ）治療ニ要スル衛生材料ハ経営者ノ負担トス　但シ現地ノ状況ニ依リ薬品等補充困難トスル向ニ対シテハ当分ノ間軍ヨリ之ヲ支給スル予定

6、慰安所設置場所、監督

（イ）慰安所設置ノ場所及建物ハ現地ノ状況ニ依リ当分ノ間軍ニ於テ之ヲ選定使用セシムル見込其ノ変更ニ付亦同ジ

（ロ）其ノ他軍ニ於テ指揮監督スルモノトス

第２案

南支方面渡航婦女ノ取扱ニ関スル件（警保局警発甲第１３６号ノ２　警保局長ヨリ各庁府県長官宛　大阪、京都、福岡、山口、兵庫ヲ除ク）

今般已ムヲ得ズ南支方面へ醜業ヲ目的トスル婦女約４百名ノ渡航ヲ認ムルコトト相成之ヲ引率スル者（抱主）ヲ大阪、京都、兵庫、福岡及ビ山口ノ各府県下ヨリ選定シ之ガ婦女ヲ募集スル為別紙ノ通右府県ニ通牒致置候ニ付テハ或ハ貴管下ヨリモ右渡航ニ参加スル婦女アリト思料スルニ付予メ御含置相成度為念申進候

☆１９４０年（昭和15年）１月20日、朝鮮職業紹介令施行（通牒で官庁許可あれば酌婦等の周旋を認める）

《資料31》１９４０年（昭和15年）１月31日公布　勅令

「青少年雇入制限令」

【出典】国会図書館所蔵、『青少年雇入制限令解説』（１９４０年発行）

（内容）

第１条　青少年ノ国家総動員法（……）第６条ノ規定ニ基ク雇入制限ハ別段ノ規定アル場合ヲ除クノ外本令ノ定ムル所ニ依ル

第２条　本令ニ於テ青少年ト称スルハ年齢12年以上30年未満ノ男子又ハ年齢12年以上20年未満ノ女子ニシテ左ノ各号ノ１ニ該当セザルモノヲ謂《い》フ

１．大学、大学予科、高等師範学校、高等学校高等科、専門学校、実業専門学校、師範学校又ハ厚生大臣ノ指定スル学校（養成所ヲ含ム）ヲ卒業又ハ修了シタル者

２．学校卒業者使用制限令第１条ノ卒業者ニシテ前号ニ該当セザルモノ

３．厚生大臣ノ指定スル検定若ハ試験ニ合格シタル者又ハ厚生大臣ノ指定スル免許ヲ受ケタル者

４．其ノ他厚生大臣ノ指定スル者

第３条　男子タル青少年（以下男子青少年ト称ス）ハ左ノ各号ノ１ニ該当スル場合ヲ除クノ外之ヲ雇入ルルコトヲ得ズ

１．男子青少年ノ雇用員数ガ命令ヲ以テ定ムル員数ニ満タザル場合ニ於テ其ノ員数ニ満ツル迄之ヲ雇入ルル場合

２〜５．（略）

第4条　女子タル青少年（以下女子青少年ト称ス）ハ左ノ各号ノ1ニ該当スル場合ヲ除クノ外厚生大臣ノ指定スル業務（以下指定業務ト称ス）ニ使用スル為之ヲ雇入ルルコトヲ得ズ
1．指定業務ニ使用スル女子青少年ノ雇用員数ガ命令ヲ以テ定ムル員数ニ満タザル場合ニ於テ其ノ員数ニ満ツル迄之ヲ雇入ルル場合
2．指定業務ニ使用スル女子青少年ヲ雇用シ得ベキ総員数ニ付命令ノ定ムル所ニ依リ職業紹介所長ノ認可ヲ受ケタル場合ニ於テ其ノ員数ニ満ツル迄之ヲ雇入ルル場合
3．其ノ他命令ヲ以テ定ムル場合
第5～第11条（略）
第12条　本令ハ朝鮮、台湾、樺太及南洋群島ニ於ケル女子青少年ノ雇入ニハ之ヲ適用セズ
（第13条以下、略）

《資料32》1940年2月15日付　厚生省告示第29号
「（厚生省告示）青少年雇入制限令第4条ノ女子青少年雇入制限業務規定」
【出典】国立公文書館所蔵、簿冊『官報　昭和15年2月』所収
（内容）
青少年雇入制限令第4条ノ業務ヲ左ノ通《とおり》指定ス
昭和15年2月15日　厚生大臣　吉田茂

1、左ノ営業ニ関スル業務
（1）料理店業（割烹店業、飲食店業、酒場業、カフヱ《え》ー業、喫茶店業、ミルクホール業其ノ他之ニ類スルモノヲ含ム）
（2）貸席業（貸座敷業、待合茶屋業、芝居茶屋業、遊船宿業其ノ他之ニ類スルモノヲ含ム）
（3）娯楽場業（遊園地業、遊技場〔撞球《どうきゅう》（ビリヤード）、麻雀、ゴルフ、射的其ノ他公衆ヲシテ遊技ヲ為サシムル場所ヲ謂フ〕業、舞踏場〔舞踏教授所ヲ含ム〕業其ノ他之ニ類スルモノヲ含ム）
（4）興行場業（劇場業、映画館業、演芸場其ノ他之ニ類スルモノヲ含ム）
2、芸妓（見習中ノ者ヲ含ム）、酌婦其ノ他之ニ類スル業務

《資料33》１９４０年2月ごろ　厚生省職業部作成
冊子『青少年雇入制限令の施行に就て——厚生省職業部』（原文・ひらがな）
【出典】外交史料館所蔵、戦前期外務省記録Ｊ．2．2．0、Ｊ・20、第1巻所収
（内容）
1、本令制定の趣旨
今次支那事変発生以来各方面に於て労務者の需要が著しく増加し、最近に於ては軍需産業、輸出産業、生活必需品産業等時局下緊要なる産業に於て労務者が著しく不足を告ぐるに至り其の生産に甚しき支障を来してゐる。……政府に於ては昭和14年度より労務動員計画を設定し、之等重要産業に於ける労務需

給の調整を図ることと致したのであるが、全体として労務者が著しく不足を告げておる今日に於て之等重要産業に於ける労務者の充足を確保する為には労務者の雇入を従来の如く全然自由とすることなく、之に対し或程度の統制を加え以て限りある労務者を国策遂行上最も重要な方面へ配置するの措置を講ぜなければならない。之今回国家総動員法第6条の規定に基き青少年雇入制限令を制定し来る3月1日より実施せらるることとなった所以である。

2、雇入を制限せらるる労務者の範囲

本令に依り雇入を制限せらるる労務者の範囲は……年齢満12歳以上満20歳未満の女子である……

……

4、女子青少年雇入制限の態様

女子青（「少」が抜け）年即ち年齢満12歳以上満20歳未満の女子（特に制限の対象から除外せられておるものを除く）の雇入は男子青少年の場合と異り特に厚生大臣の指定する業務に使用する為雇入るる場合のみを制限することとせられてゐる。厚生大臣の指定する業務は厚生省告示を以て料理店、貸席業、娯楽場業、興業場業に関する業務及芸妓、酌婦其の他之に類する業務が告示せられてゐる即ち女子青少年は之等の業務に使用する為雇入るる場合だけが制限せらるるのであつて其の他の業務に使用する為雇入るる場合は差当つて制限せられないのである。而して女子青少年をかかる業務に使用する為雇入るる場合の制限の内容は大体男子青少年の場合と同様である。即ち昭和14年12月31日現在に於（「て」が抜け）指定業務に使用する為雇用してゐた女子青少年の員数に欠員が生じても直に之を補充することは出来ないのであつて女子青少年の雇用員数が昭和14年12月31日現在の雇用員数の7割以下に下った場合に始《ママ》めて7割に達する迄欠員の補充が出来るのである（令第4条第1号）。又昭和14年12月31日現在に於て女子青少年を雇用してゐなかつた者が将来新に女子青少年を雇用する場合又は昭和14年12月31日現在に於ける女子青少年の雇用員数が7割に下らなくとも欠員の補充を必要とする場合等に於ては指定業務に使用すべき女子青少年の定員に就て職業紹介所長の認可を受けなければならないのである（令第4条第2号規則第10条）。

……

☆1940年（昭和15年）3月〜5月、朝鮮総督府が「労務資源調査」を実施。男子だけでなく12歳〜19歳の女性も動員対象として調査。（樋口雄一編『戦時下朝鮮人労務動員基礎資料集Ⅰ』）

☆1941年（昭和16年）12月8日、日本が米英両国に宣戦布告、マレー作戦開始、ハワイ真珠湾を空襲

《資料34》1941年（昭和16年）12月8日公布、勅令

「労務調整令」

【出典】国会図書館所蔵、『労務調整令の実務手引』（1942年1月28日発行）

（内容）

第1条　国家ニ緊要ナル事業ニ必要ナル労務ヲ確保スル為ニスル国家総動員法（……）第6条ノ規定ニ基ク従業者ノ雇入、使用、解雇、就職及退職ノ制限ハ別ニ定ムルモノヲ除クノ外本令ノ定ムル所ニ依ル

第2条　厚生大臣ノ指定スル工場、事業場其ノ他ノ場所（以下指定工場ト称ス）ニ於テ使用セラルル従業者又ハ厚生大臣ノ指定スル範囲ノ従業者ノ解雇及退職ハ命令ノ定ムル所ニ依リ国民職業指導所長ノ認可ヲ受クルニ非ザレバ之ヲ為スコトヲ得ズ

前項ノ従業者ニ付テハ雇用期間ノ満了其ノ他解雇及退職以外ノ事由ニ依リ雇用関係ノ終了スル場合ニ於テハ引続キ雇用関係ヲ存続セシムルコトヲ要ス但シ命令ノ定ムル所ニ依リ国民職業指導所長ノ認可ヲ受ケタル場合ハ此ノ限ニ在ラズ

第1項ノ指定ハ指定スベキ工場、事業場其ノ他ノ場所ノ事業主又ハ指定ヲ受クベキ範囲ノ従業者ヲ使用スル事業主ニ対スル通知ニ依リ之ヲ行フコトヲ得

前項ノ規定ニ依リ指定ノ通知ヲ受ケタル事業主ハ其ノ旨ヲ関係従業者ニ周知セシムベシ

第3条　前条第1項及第2項ノ規定ハ左ノ各号ノ1ニ該当スル場合ニハ之ヲ適用セズ

1．陸海軍ニ徴集若ハ召集セラレ又ハ志願ニ依リ陸海軍ノ現役ニ服セシメラレタル場合

2．陸海軍学生生徒（海軍予備練習生及海軍予備補習生ヲ含ム）ニ採用セラレタル場合

3．国家総動員法第4条ノ規定ニ基キ徴用セラレタル場合

4．其ノ他命令ヲ以テ定ムル場合

前条第1項及第2項ノ規定ハ国及道府県、市町村其ノ他之ニ準ズベキモノニハ之ヲ適用セズ

第4条　技術、技能又ハ学識経験ヲ有スル者ニシテ厚生大臣ノ指定スルモノ（以下技能者ト称ス）ノ雇

入及就職ニ付テハ命令ノ定ムル所ニ依リ国民職業指導所長ノ認可ヲ受ケタル場合又ハ国民職業指導所ノ紹介アル場合ヲ除クノ外之ヲ為スコトヲ得ズ

……

第7条　年齢14年以上40年未満ノ男子又ハ年齢14年以上25年未満ノ女子ニシテ技能者及国民学校修了者タラザルモノ（以下一般青壮年ト称ス）ノ雇入及就職ハ左ノ各号ノ1ニ該当スル場合ヲ除クノ外之ヲ為スコトヲ得ズ

1．国民職業指導所ノ紹介ニ依リ雇入レ及就職スル場合

2．指定工場ノ事業主、厚生大臣ノ指定スル事業ヲ営ム者又ハ厚生大臣ノ指定スル者命令ノ定ムル所ニ依リ国民職業指導所ノ紹介ニ依ラズシテ雇入ルベキ一般青壮年ノ員数其ノ他雇入ニ関スル事項ニ付国民職業指導所ノ認可ヲ受ケタル場合

3．命令ノ定ムル所ニ依リ特定ノ一般青壮年ノ雇入及就職ニ付国民職業指導所長ノ認可ヲ受ケタル場合

……

第19条　朝鮮及台湾ニ在リテハ第6条、第7条、第8条及第11条ノ規定ハ之ヲ適用セズ

朝鮮及台湾ニ在リテハ年齢12年以上40年未満ノ男子ニシテ技能者タラザルモノ（以下男子青壮年ト称ス）ノ雇入及就職ハ左ノ各号ノ1ニ該当スル場合ヲ除クノ外之ヲ為スコトヲ得ズ

1．国ノ紹介ニ依リ雇入レ及就職スル場合

2．指定工場ノ事業主並ニ朝鮮総督又ハ台湾総督ノ指定スル者ニ於ケル雇入及就職ノ場合

3．男子青壮年ヲ雇用シ得ベキ総員数ニ付命令ノ定ムル所ニ依リ朝鮮ニ在リテハ府伊、郡守又ハ島司、台湾ニ在リテハ市長又ハ郡守（澎湖庁ニ在リテハ庁長）ノ認可ヲ受ケタル場合ニ於テ其ノ員数ニ満ツル迄ノ雇入及就職ノ場合

4．命令ノ定ムル所ニ依リ特定ノ男子青壮年ノ雇入及就職ニ付朝鮮ニ在リテハ府伊、郡守又ハ島司、台湾ニ在リテハ市長又ハ郡守（澎湖庁ニ在リテハ庁長）ノ認可ヲ受ケタル場合

……

《資料35》１９４１年（昭和16年）12月16日　厚生次官↓各地方長官

「労務調整令施行ニ関スル件依命通牒」（極秘通牒）

【出典】国会図書館所蔵、冊子「昭和16年12月、労務調整令事務取扱関係通牒集（1）厚生省職業局」所収。

（内容）

（冊子の表紙）「［極秘第１８０８号」昭和16年12月　労務調整令事務取扱関係通牒集（1）厚生省職業局」

（冊子の表紙のウラ）

◎注意

1．本書ハ労務調整令関係事務遂行上ノ参考資料トシテ同令関係通牒ヲ集録《ママ》シタルモノナルモ何レモ秘及極秘扱ノ通牒ナルヲ以テ取扱ニ付テハ万全ヲ期シ秘密保持ニ特ニ注意ヲ要ス

2．本書ハ職務上利用スベキモノナルヲ以テ本書所持者異動ノ場合ニハ必ズ後任者ニ引継グベキモノト

ス
3．向後労務調整令ニ関シ例規トシテ通牒サレタルモノニ付テハ随時取纏メ本書続篇トシテ刊行ノ予定
ナリ
……
（スタンプで）昭和27年10月1日、鈴木僊吉氏寄贈
……
目次（省略）
……
「労務調整令施行ニ関スル件依命通牒（昭和16年12月16日厚生省発職第186号厚生次官ヨリ各地方長官宛）」
国家総動員法第6条ノ規定ニ基キ12月8日勅令第1063号ヲ以テ労務調整令公布セラレ昭和17年1月10日ヨリ施行セラルルコトト相成、本日労務調整令施行規則公布相成候処右ハ未曾有ノ重大時局ニ対処シ国家ニ緊要ナル事業ニ必要ナル労務ノ確保ヲ図る為従業者移動防止令及青少年雇入制限令ヲ廃止シ新
ニ
1．特ニ国家的ニ重要ナル工場、事業場等ノ従業者ニ付其ノ解雇、退職ヲ制限シ
2．技能者、国民学校修了者及一般青壮年ノ雇入及就職ノ制限ヲ強化徹底シ
3．更に労務供給ニ依ル従業者ノ使用ヲ制限シ

以テ労務需給ノ完全ナル重点的統制ヲ期セントスルモノ有之、之ガ適用ノ範囲極テ広汎ニシテ各方面ニ至大ナル関係ヲ有スルモノナルニ鑑ミ之ガ内容ノ周知徹底方ニ付テハ格段ノ御配意相成ルト共ニ本制度ノ運営ニ付テハ別紙「労務調整令事務取扱要領」ニ拠リ万遺憾ナキヲ期セラルル様致度此段依命及通牒候

尚本令ノ実施ニ伴ヒ従業者移動防止令及青少年雇入制限令施行ニ関スル従来ノ通牒ハ自然廃止セラルルモノニ付為念《ねんのため》

労務調整令事務取扱要領

第1　総則

1．〜5．（省略）

6．労務調整事務ニ付知リ得タル事項ヲ漏洩《ろうえい》スベカラザルコト尚秘密ヲ要スル書類ハ之ヲ厳重ニ保管スベキコト

……

第5　令第7条及第8条規則第7条乃至第10条関係

1．一般青壮年ノ雇入及就職認可申請ノ処理

（1）規則第8条第1項ノ特定ノ一般青壮年雇入及就職認可申請ニ対スル処分ハ別記「令第7条第3号ノ認可方針」ニ依リ之ヲ為スベキコト

……

……
(3) 認可ノ指令書ハ別記様式第5号、不認可ノ指令書ハ別記様式第12号ニ依ルコト
第8　報告
1　報告
……
(2) 道府県ニ於テハ管内ノ国民職業指導所ヨリ提出アリタル前号報告ヲ取纏メ別記様式第14号ニ集計シテ前号ノ報告期限後5日以内ニ厚生省ニ報告スルコト
……
(別記)
……
様式第5号
何第　号
雇入レントスル者　氏名（法人ニ在リテハ其ノ名称及代表者氏名）
就職セントスル者　氏名
昭和　年　月　日申請　技能者・特定一般青壮年　雇入及就職ノ件認可ス
昭和　年　月　日
何々国民職業指導所長［印］
(備考) 就職セントスル者ノ氏名ハ之ヲ連名トスルモ差支ナシ
……

令第7条第3号ノ認可方針

第1章　通則

……

第3章　令7条第2号ニ掲グル者以外ノ者ニ対スル認可方針

1．左ニ掲グル方針ニ依ル但シ雇入レントスル特定人ガ身体又ハ家庭ノ状況上第1種又ハ第2種事業ニ従事セシムルヲ適当トスルモノハ極力之ヲ抑制シナルベク不適当ナル者ヲ雇ハシムル様指導ス

〔業態〕――〔認可標準〕

(1) ホテル旅館及飲食店（列車食堂、一膳めし屋ニ限ル）ノ番頭、女中、給仕人――（昭和）14年12月末日現在員ノ欠員補充（但シ5割迄）ノ範囲内ニ於テ認可ス（1未満ハ繰上グ）

(2) 助産婦業――欠員補充ノ範囲内ニ於テ認可ス

(3) 芸妓――本令施行ノ際現ニ14年未満ノ仕込中ノモノノ14年トナリタル場合ノミ認可ス

(4) 酌婦、女給――○ノ要求ニ依リ慰安所的必要アル場合ニ厚生省ニ稟伺《りんし》シテ承認ヲ受ケタル場合ノ当該業務ヘノ雇入ノミ認可ス

(5) 家事使用人――（略）

(6) 理髪業――欠員補充ノ範囲内ニ於テ女子ノミヲ認可ス

(7) 装蹄業――欠員補充ノ範囲内ニ於テ認可ス

（8）神道教師、僧侶、仏教布教師、牧師、キリスト教伝道師

――昭和14年12月末日現在雇用員数ノ5割ニ充ツル迄認可ス（1未満ハ繰上グ）

（9）教職員（国民学校教職員及文部大臣認可ノ学校ノ教職員ハ適用除外ニ付除ク）

――欠員補充ノ範囲内ニ於テ認可ス

（10）記者

――2年以上記者トシテノ経験ヲ有スル者ノ記者トシテノ雇入ノ場合（但シ雑誌記者ニ在リテハ欠員補充（5割）ノ範囲内トス）ハ認可ス

（11）著述家、文芸家、書家、図案家、彫塑《ちょうそ》家、音楽家、舞踏家、俳優

――2年以上当該職業ニ従事シ主トシテ之ニ依リ生計ヲ維持セントスルモノノ雇入ノ場合又ハ特別ノ事情アル場合ハ最少限度認可ス

（12）其ノ他ノ業務

――特種ノ作業ニ従事セシムル為一般青壮年ヲ使用スルニ非ザレバ事業ヲ継続シ能ハザル場合ハ事業ノ継続ニ必要ナル最少限度ヲ認可ス但シ転廃業ノ対象トナルモノハ当分ノ内原則トシテ認可セズ

……

《資料36》１９４１年（昭和16年）12月17日、厚生省令

「労務調整令施行規則」

【出典】国会図書館所蔵、『労務調整令の実務手引』（１９４２年１月28日発行）

（内容）

……

第８条　令第７条第３号ノ認可ノ申請ハ様式第７号ニ依リ一般青壮年及其ノ者ヲ雇入レントスル者ノ連署ヲ以テ一般青壮年ヲ使用セントスル場所ノ所在地ノ所轄国民職業指導所長（使用セントスル場所ガ本則施行地外ニ在ル場合ニ於テハ雇入ヲ為スベキ地ノ所轄国民職業指導所長）ニ対シ之ヲ為スベシ

第４条ノ規定ハ前項ノ申請ニ付之ヲ準用ス

《資料37》１９４３年（昭和18年）５月18日付　厚生省勤労局長↓道府県長官

「道府県労務報国会ノ労務配置ニ対スル協力方指導指針ニ関スル件」

【出典】帝京大学図書館（メディアライブラリーセンター）所蔵、「労務配置関係通牒集――大日本労務報国会（秘・昭和19年５月）」所収。

（内容）

道府県労務報国会ノ労務配置ニ対スル協力方指導指針ニ関スル件（昭和18年５月18日勤発第１３６８号　厚生省勤労局長ヨリ道府県長官宛通牒）

国家労務配置機関ノ行フ労務配置ニ関シ別紙道府県労務報国会ノ労務配置協力指導指針ニ依リ道府県労務報国会ヲシテ協力セシメラルル様指導セラレ度

追テ本件実施ニ当リ道府県労務報国会ト関係庁トノ連絡ヲ充分ナラシムル様指導相成度為念《ねんのため》

道府県労務報国会ノ労務配置ニ対スル協力方指導指針

第1、方針

1、国民動員実施計画ニ即応シ、国家労務配置機関ノ行フ労務配置ニ協力セシムルモノナルコト

……

第2、要領

……

2、国家労務配置機関ニ対スル協力

労務報国会ヲシテ協力セシムル場合ハ次ノ各項ニ依ルコト

(イ)国家労務配置機関（道府県並国民勤労動員署）ハ関係産業ノ労務需給状況並会員ノ登録数、技能、経験、稼動状況等ヲ照合勘案シテ適切ナル労務配置ヲ実施スルコト

……

(ニ)労務充足ニ付協力セシムル場合ハ会員中ヨリ適当ナル者ヲ推薦セシムルコト

……

3、勤労報国隊ノ編成出動

道府県労務報国会ノ各支部ニ勤労報国隊ヲ編成シ道府県又ハ国民勤労動員署ヨリノ命令ニ応ジ随時出動セシムルコト右ノ場合必要アルトキハ之ヲ職能別ニ編成シ常時必要ナル訓練ヲ実施セシムルコト

……

《資料38》 1943年10月9日付 大日本労務報国会理事長↓都道府県労務報国会長

「勤労挺身隊ノ組織整備ニ関スル件」

【出典】 帝京大学図書館（メディアライブラリーセンター）所蔵、「労務配置関係通牒集――大日本労務報国会（秘・昭和19年5月）」所収。

（内容）

勤労挺身隊ノ組織整備ニ関スル件（昭和18年10月9日労動発第793号大日本労務報国会理事長ヨリ都道府県労務報国会長宛通牒）

……

追テ既ニ此ノ種ノ隊ヲ組織済ノ地方ハ漸次本通牒ニ依ラルルヤウ致サレ度《たし》

勤労挺身隊整備要綱

第1章　組織

第1　趣旨

大日本労務報国会本来ノ使命ニ鑑ミ、決戦下緊迫セル時局ニ対応シ本会員ヲ以テ組織セル勤労報国隊員中緊急ノ需要ニ応ジ直チニ出動可能ナル精鋭ノ士ヲ結集シテ勤労挺身隊ヲ組織整備シ、土木建築並運輸事業等ニ於ケル労務ノ非常動員ニ協力シ、特ニ国家ノ緊急施策並空襲、天災地変等ノ発生ニ際シ直チニ動員配置ニツキ危険困難ナル情勢ノ下ニ挺身活動シ以テ労務報国会員タル職分ノ完遂ヲ期スルモノトス

第2　組織方針

本勤労挺身隊ハ大政翼賛会ノ勤労報国隊整備要綱ノ所謂《いわゆる》特技隊トシテ結成スル緊急動員組織ナリ

……

第3章　動員

第1　方針

勤労挺身隊ハ空襲又ハ水火災其ノ他ノ災害緊急事態ノ外、軍ノ緊急要員、総動員物資ノ滞貨処理等非常ノ場合ニ於テ緊急出動スルモノトス

即チ本挺身隊ノ動員ハ勤労報国隊整備要綱ニ於ケル緊急動員ヲ以テ本則トス

第2　動員要領

2．出動指令

（イ）地方長官ノ要請アルトキハ地方労報ニ於テ労報支部ヲ通ジ管内部隊ニ出動指令ヲ下達スルコト

……

……


《資料39》　1944年5月19日　朝鮮総督→内務大臣
「朝鮮総督府部内臨時職員設置制中改正ノ件」の「説明資料」

【出典】外交史料館所蔵、茗荷谷文書M44。政府公表資料に同じ題名・内容の閣議決定関連文書（1944年7月12日付）あり。

（内容）

「説明資料」

……

「第5．国民徴用ニ関スル事務ニ従事スル者ノ増員説明」

……

生産増強労務強化対策
……
（二）労務配置対策
……
（8）女子遊休労力ノ積極的活用ヲ図ル為左ニ依リ措置スルコト
（イ）女子ノ特性ニ適応スル職種ヲ選定シ新規学校卒業者及年齢14年以上ノ未婚者等ノ全面的

動員体制ヲ確立スルコト
右ノ措置ニ関連シ之ガ勤労管理其ノ他諸施設等ニ付特別ノ考慮ヲ為スコト
（ロ）労務調整令ヲ改正シ接客業、娯楽業等ニ於ケル女子青少年（概ネ年齢12年以上25年未満ノ者）ノ使用制限ヲ実施スルコト尚此ノ場合労務調整令ノ適用ヲ受ケザル女子青少年ニシテ警察取締ヲ受クル者ニ付テハ本件ニ準ジ之ガ取締ヲ強化スルコト

……

「第6．経済統制ニ伴フ警察事務ニ従事スル者ノ増員説明」
戦力増強上戦時物資ノ増産ハ刻下ノ急務ナル処之ガ生産ノ現況ヲ看ルニ猶幾多ノ隘路ノ存スルハ遺憾トスル処ナリ而シテ其ノ生産阻害ノ原因ハ資材、労務、輸送力等ノ全カラザルニ存ストハ謂ヒ就中労務ノ不足乃至稼働率ノ低位、移動ノ頻発等ガ其ノ重要ナル原因ヲ為スモノナルヲ以テ朝鮮ニ於テモ労務所管局ニ於テ客年10月「生産増強労務強化対策」ヲ樹立シ勤労動員ノ強化、労務者移動防止、稼働率ノ向上、勤労管理ノ改善等ニ付積極的施策ヲ進メツツアル処朝鮮ノ現状ニ於テハ之ガ実効挙揚《きよう》ヲ期スル為ニハ労務調整令、国民徴用令等法令ノ違反取締ヲ適正強化スルト共ニ警察ノ有スル強力ナル組織網ト統制アル実践力ヲ以テ指導協力スルコトコソ最モ効果的ナリ而シテ警察部門ニ於テハ産業経済界ノ実相ニ通暁セル経済警察ニ於テ之ヲ掌ルヲ適切ト認メ客年来労務当局ト緊密ナル連絡ヲトリ労務対策ニ即応シテ取締ノ強化ニ依ル協力ヲ為シツツアル処其ノ成果見ルベキモノアリ
翻テ鮮内ニ於ケル労務事情ヲ観ルニ支那事変以来急激ナル諸産業ノ勃興ト之ニ対応スル電力ノ開発、交通施設ノ拡充等ニ因リ労務需要ハ愈々飛躍的ニ増大シ昭和18年度ニ於テハ国民動員計画ニ基キ本府ニ於

テ斡旋セルモノノミニテモ13万８４３８名ノ多キニ達シ本年度ハ本府斡旋鮮内供出10万５０００名内地南洋方面供出30万名軍要員４万３０００名計44万８０００名其ノ外道内ニ於テ操作スベキ工場、鉱山、土建其ノ他ニ於テ要望シツツアル見込要員ハ１００万名以上ヲ予想セラレ且本年度以降ハ徴兵令ノ実施ニ伴フ壮丁ノ徴集アル等加速度的ニ労務ノ量的逼迫ヲ来タスト共ニ一面半島ニ於ケル民衆ハ民度低キ為ニ戦時下ニ於ケル労務ノ重要性ニ対スル認識猶ホ浅ク勤労報国隊ノ出動ヲモ斉シク徴用ナリト為シ一般労務募集ニ対シテモ忌避逃走シ或ハ不正暴行ノ挙ニ出ズルモノアルノミナラズ未婚女子ノ徴用ハ必至ニシテ中ニハ此等ヲ慰安婦トナスガ如キ荒唐無稽ナル流言巷間ニ伝ハリ此等悪質ナル流言ト相俟ツテ労務事情ハ今後益々困難ニ赴クモノト予想セラル而シテ労務ノ逼迫化ニ伴ヒ既ニ第１次及第２次ノ現員徴用ヲ実施シ更ニ第３次徴用モ目下計画中ナルガ鮮内外ニ於ケル労務者ノ供給確保ノ為ニハ労務動員手段ノ強化、労務者移動防止稼働率ノ向上ハ必至ニシテ之ガ成果ヲ発揚スル為ニハ

１、国民徴用令、労務調整令違反ノ絶滅

２、労務ニ関スル悪質流言ノ取締

３、対象工場、鉱山、事業場等ニ於ケル労務者ノ就労確保（移動防止、稼働率向上、労務斡旋等）ノ援助

４、本府斡旋労務者ノ供出ニ対スル協力

５、日傭労務者統制機関（労務報公会）ノ指導

６、生産増強賃金対策ノ維持（賃金統制令違反取締）

等警察力ヲ以テ指導取締ヲ強化スルト共ニ濃厚ナル協力援助トヲ必要トス然ルニ警察ニ於ケル既往配置

職員ハ戦時下激増スル諸般ノ事務ニ専念シ全ク余裕ナキヲ以テ道ニ警部3名警部補7名ヲ増員シ第一線ニ於ケル経済警察機構ノ充実ヲ図リ総合生産増強諸施策トノ関連ニ於テ其ノ警察的裏付ケトシテ適時適切ナル措置ヲ構ジ第一線活動ニ機動性ヲ付与シ計画生産ノ完遂ト治安維持ニ万遺憾ナキヲ期セントス

《資料40》1944年7月31日　内務省管理局嘱託（小暮泰用）→同省管理局長

「復命書」

【出典】外務省外交史料館、戦前期外務省記録A．5．0．0．1·1、第2巻

（内容）

復命書

嘱託　小暮泰用

依命小職最近ノ朝鮮民情動向並邑面行政ノ状況調査ノ為朝鮮へ出張シタル処《ところ》調査状況別紙添付ノ通ニ有之右及復命候也

昭和19年7月31日

管理局長　竹内徳治　殿

……

2、都市及農村ニ於ケル食糧事情

朝鮮ニ於ケル都市及農村ノ食糧事情ハ相当深刻ノモノアリ、其ノ実例トシテ朝鮮ニ旅行スル時汽車ノ

窓ヨリ望ムルモ沿線ノ林野ニ於ケル松木ノ皮ヲ剥《ム》キタルモノ相当見受クルコトガアルガ沿線ニアラザル深山ニハ尚多ク近キ将来ニ於テ朝鮮ノ松木ハ或ハ枯死スルノデハナイカト憂慮スル人達モ相当多イ様デアル……要スルニ朝鮮ノ食糧事情ハ都市方面ノ非農家ハ殆ンド正確ニ近イ所定量ノ配給ヲ受ケナカラ尚空腹ヲ訴へ、農村人ハ自ラ食糧ヲ生産シ乍《なが》ラ猶《なお》出来秋以外ノ時ニ於テハ概シテ自家ノ食糧ニモ窮迫シテ居ル実情デアル

……

6、内地移住労務者送出家庭ノ実情

……然《しか》シ戦争ニ勝ツ為ニハ斯《かく》ノ如キ多少困難ナ事情ニアッテモ国家ノ至上命令ニ依ツテ無理ニデモ内地へ送リ出サナケレバナラナイ今日デアル、然ラバ無理ヲ押シテ内地へ送出サレタ朝鮮人労務者ノ残留家族ノ実情ハ果シテ如何デアラウカ、一言ヲ以テ之レヲ言フナラバ実ニ惨憺《さんたん》目に余ルモノガアルト云《い》ツテモ過言デハナイ

蓋《けだ》シ朝鮮人労務者ノ内地送出ノ実情ニ当ツテノ人質的掠奪的拉致等ガ朝鮮民情ニ及ボス悪影響モサルコト乍《なが》ラ送出即チ彼等ノ家計収入ノ停止ヲ意味スル場合ガ極メテ多イ様デアル、其ノ詳細ナル統計ハ明カデナイガ最近ノ一例ヲ挙ゲテ其ノ間ノ実情ヲ考察スルニ次ノ様デアル……

……

更ニ残留家族殊ニ婦女子ノ労働ハドウデアルカニ就テ調査シテ見ルニ、朝鮮ノ都市ニ於テノ一家支柱タリシ男子ニ残留婦女子ガ代替シ得ルコトノ出来ナイコトハ固ヨリデアルガ農村ニ於テモ土壌ノ瘠薄《せきはく》性ト耕種法特ニ農具ノ未発達、高率ノ小作料、旱水害、其ノ他各種夫役等ノ増加ノ多イ今日ニ於テハ全家

族総動員シテ労務ニ従事シ以テ漸《よう》ク家計ヲ維持シタル農民ガ戸主又ハ長男等ノ働キ手ヲ送出シタル後婦女子ノ労働ヲシテ其ノ損失ヲ補償代替更ニ進ンデハ家計ノ好転ヲ図リ得ナイコトハ明白ナ事実デアツテ、此ノ点自然的条件ニ恵マレ耕種法其ノ他営農ノ発達シタル内地農村ト同一ニ考ヘルコトハ出来ナイノデアル、況《いわん》ヤ朝鮮農村ノ婦女子ハ其ノ9割以上ガ殆ンド無教育デアリ青少年ハ徴兵実施ト其レニ伴フ各種ノ錬成其ノ他ノ行事ノ為ニ実際的ニハ働手タル意義ヲ大イニ減殺サレテ居ルノデアル

斯シテ送出後ノ家計ハ如何ナル形ニ於テモ補ハレナイ場合ガ多イ、以上ヲ要スルニ送出ハ彼等家計収入ノ停止トナリ作業契約期間ノ更新等ニ依リ長期ニ亘ルトキハ破滅ヲ招来スル者ガ極メテ多イノデアル、音信不通、突然ナル死因不明ノ死亡電報等ニ至テハ其ノ家族ニ対シテ言フ言葉ヲ知ラナイ程気ノ毒ナ状態デアル、然シ彼等残留家族ハ家計ト生活ニ苦シミ乍ラ一日モ早ク帰還スルコトヲ待チアグンデ居ル状態デアル……

……

7、朝鮮内ニ於ケル労務規則ノ状況並ニ学校報国隊ノ活動状況如何《いかん》

従来朝鮮内ニ於テハ労務給源ガ比較的豊富デアツタ為ニ支那事変勃発後モ当初ハ何等総合的計画ナク労務動員ハ必要ニ応ジテ其ノ都度行ハレタ、所ガ其ノ後動員ノ度数ト員数ガ各種階級ヲ通ジテ激増サレルニ従ツテ略《ほぼ》大東亜戦争勃発頃ヨリ本格的労務規制ガ行ハレル様ニナッタノデアル

而シテ今日ニ於テハ既ニ労務動員ハ最早略頭打ノ状態ニ近ツキ種々ナル問題ヲ露出シツツアリ動員ノ成績ハ概シテ予期ノ成果ヲ納メ得ナイ状態デアル、今其ノ重ナル点ヲ挙グレバ次ノ様テアル

(イ)、朝鮮ニ於ケル労務動員ノ方式

凡ソ徴用、官斡旋、勤労報国隊、出動隊ノ如キ4ツノ方式ガアル

徴用ハ今日迄ノ所極メテ特別ナル場合ハ別問題トシテ現員徴用（之モ最近ノ事例ニ属ス）以外ハ行ハレナカツタ、然シ乍ラ今後ハ徴用ノ方法ヲ大イニ強化活用スル必要ニ迫ラレ且ツ其レガ予期サレル事態ニ立至ツタノデアル

官斡旋ハ従来報国隊ト共ニ最モ多ク採用サレタ方式デアツテ朝鮮内ニ於ケル労務動員ハ大体此ノ方法ニ依ツテ為サレタノデアル

又出動隊ハ多ク地元ニ於ケル土木工事例ヘバ増米用ノ溜池工事等ヘノ参加ノ様ナ場合ニ採ラレツツアル方式デアル、然シ乍ラ動員ヲ受クル民衆ニトツテハ徴用ト官斡旋時ニハ出動隊モ報国隊モ全く同様ニ解サレテ居ル状態デアル

（ロ）、労務給源

朝鮮内ノ労務給源ハ既ニ頭打ノ状態ニアルト云《い》フノガ実情デアルト思ハレル

……

（ハ）、動員ノ実情

徴用ハ別トシテ其ノ他如何ナル方式ニ依ルモ出動ハ全ク拉致同様ナ状態デアル

其レハ若シ事前ニ於テ之ヲ知ラセバ皆逃亡スルカラデアル、ソコデ夜襲、誘出、其ノ他各種ノ方策ヲ講ジテ人質的掠奪拉致ノ事例ガ多クナルノデアル、何故ニ事前ニ知ラセバ彼等ハ逃亡スルカ、要スルニソコニハ彼等ヲ精神的ニ惹付《ひきつ》ケル何物モナカツタコトカラ生ズルモノト思ワレル、内鮮ヲ通ジテ労務管理ノ拙悪極マルコトハ往々ニシテ彼等ノ身心ヲ破壊スルコトノミナラズ残留家族ノ生活困難乃至破滅ガ

屢々《しばしば》アツタカラデアル……

☆１９４５年（昭和20年）３月５日、国民勤労動員令を公布、労務調整令を吸収・廃止

☆１９４５年（昭和20年）５月７日、ドイツの無条件降伏

☆１９４５年（昭和20年）７月26日、対日ポツダム宣言発表

☆１９４５年（昭和20年）８月15日、終戦（日本の無条件降伏）

《資料41》１９５０年（昭和25年）３月21日　レーク・サクセス（国連安全保障理事会本部があった米国内の村）で署名のため開放

「人身売買及び他人の売春からの搾取の禁止に関する条約」

【出典】外務省ホームページの「条約データ検索」から（タイトル・本文ひらがな）

（内容）

昭和25年（１９５０年）３月21日　レーク・サクセスで署名のために開放

昭和33年（1958年）4月11日（日本の）国会承認

……

売春及びこれに伴う悪弊である売春を目的とする人身売買は、人としての尊厳及び価値に反するものであり、かつ、個人、家族及び社会の福祉をそこなうので、

婦人及び児童の売買の禁止に関し、次の国際文書、すなわち、

1、1948年12月3日に国際連合総会で承認された議定書により改正された1904年5月18日の「醜業ヲ行ハシムル為ノ婦女売買取締ニ関スル国際協定」

2、前記の議定書により改正された1910年5月4日の「醜業ヲ行ハシムル爲ノ婦女売買禁止ニ関スル国際条約」

3、1947年10月20日に国際連合総会で承認された議定書により改正された1921年9月30日の「婦人及児童ノ売買禁止ニ関スル国際条約」

4、3に掲げる議定書により改正された1933年10月11日の成年婦女子の売買の禁止に関する国際条約が有効であるので、

1937年に、国際連盟は、前記の文書の適用範囲を拡大する条約案を作成したので、また、前記の文章を統一し、かつ、1937年の条約案の内容に望ましい変更を加えたものを具体化する条約を締結することが、1937年以来の諸事情によつて可能となつているので、

よつて、締約国は、ここに、次のとおり協定する。

第1条　この条約の締約国は、他人の情欲を満足させるために次のことを行ういかなる者をも処罰する

ことに同意する。
1　売春を目的として他の者を、その者の同意があつた場合においても、勧誘し、誘引し、又は拐《かい》去すること。
2　本人の同意があつた場合においても、その者の売春から搾取すること。
第2条　この条約の締約国は、さらに、次のことを行ういかなる者をも処罰することに同意する。
1　売春宿を経営し、若しくは管理し、又は情を知つて、これに融資し、若しくはその融資に関与すること。
2　他の者の売春のために、情を知つて、建物その他の場所又はその一部を貸与し、又は賃貸すること。
第3条　第1条及び第2条に掲げるいずれかの違反行為の未遂及び予備も、また、国内法が認める範囲内で処罰されるものとする。
……

あとがき

「極秘」などという印がある公文書は、権力自身がそこに書かれた内容を権力犯罪であると自白する第一級の証拠書類である。本書で紹介した極秘公文書を一つ一つ、ていねいに読めば、戦時中の日本国家が犯した、朝鮮人「慰安婦」強制連行（朝鮮人「慰安婦狩り」）というおぞましい組織的権力犯罪が、反論の余地なく証明されている。

一方、２０１４年８月の朝日新聞の吉田証言検証記事以来、「慰安婦」強制連行を「虚偽」だとする言説が一挙に広められ、いまや、日本政府の公式見解にさえなった感がある。しかし、その朝日新聞の検証記事は、何度読んでも、学者などの見解（二次資料）を根拠にしたものばかりで、いっこうに、一次資料が明示されない。一次資料とは、日本官憲による「慰安婦」強制連行を否定する、当時の公文書や当事者の証言のことである。

ところが、強制連行をされたという「慰安婦」被害者の証言は、出版された著作だけでもいくつも存在するのである。この信じられないほどの矛盾状態が、いつまで続くのだろうか。朝日新聞の検証記事に登場した何人もの学者・研究者からは当然、吉田証言を否定する一次資料を駆使した論文が、すぐに発表されると思ったが、いつまで待ってもそんなものは出てこない。日本の「知識人」は、本当にどうしてしまったのだろうか。

もし、朝日新聞のいうように朝鮮人「慰安婦」強制連行が「虚偽」であるなら、当時の公文書を調べれば、それを裏付ける証拠が出てくるはずである。この問題意識こそ、私がいまだに「慰安婦」関連の公文書を探し続けている最大の動機である。

「しんぶん赤旗」は、2014年9月27日付の検証記事で、「朝日新聞」に右にならえをして、私が書いた吉田証言の記事（「赤旗」1993年11月14日付）を取り消した。この故・吉田清治氏のインタビューを記事にした私は、いまだに、そうした一連の事態を是とすることができない。私は、すでに同紙の編集局を退職し、その後、この問題での見解の相違を理由に日本共産党から一方的に除籍された。だからといって、なんの確証もなく取り消すことに同意はできない。記事を書いた責任は私にある。現編集局には、私に相談もなく取り消す権限など、あろうはずがない。これは、ジャーナリストとしての私の最低限の抵抗である。どんな圧力や処分を受けようが、それに屈服すれば、ジャーナリストとしても人間のまともな生き方としても終わっている。そんなことは絶対にできない。

どんな記事を書く場合も、ジャーナリストは、一次資料と当事者の取材に基づいて記事を書く。「事実と道理に基づいて記事を書く」ことが、ジャーナリストのゆずれない職業倫理である。ジャーナリストが、他のメディアの記事や学者の見解を元に、一次資料を入手せずに記事を書くなどということは許されない。吉田証言の記事を書いたときも、同じだった。吉田氏本人に何度も疑問点を聞いたのは当然として、それを裏付けるために、吉田氏に対する当時の雑誌などの批判論評を集め、その真偽も確かめた。たとえば、戦後直後に、吉田氏が下関市議選挙に日本共産党から立候補したという件である。その経歴をあげつらい、吉田氏が日本共産党員であったから、その「慰安婦狩り」の証言も信用できないという、極右からの批判もあった。これについても、山口県の共産党の担当者に問い合わせ、1カ月ぐらいの調査をしてもらい、吉田氏の共産党からの立候補が事実であるとの報告を受けた。この経過は、私たち日本共産党側の人間にとっては、吉田氏をさらに信頼する事実になった。

済州島の現地調査については、日本共産党の機関紙の記者であった私は、当時まだ、反共独裁国家のなごりが残っていた韓国に取材に行くことは不可能だった。戦後の済州島事件（済州島四・三蜂起事件）もあり、同島に当時を知る生存者がほとんどいないということも、吉田氏から聞いていた。秦郁彦氏が当時、同島を調査し、証人を見つけられなかったということも、済州島事件についての、この吉田証言の正しさを裏付けるものであった。

このように吉田証言を共産党という組織で集団的に検討し、吉田証言に対する批判に道理がなく、吉田証言の方にこそ道理があることをいくつかの点で確認して、あの記事を出した経過を思い出す。あの記事が、私の署名入りの記事ではなく、無署名の記事になったのも、それが組織的検討の結果であったことの証左である。

いま必要なのは、吉田証言を貶めたままで、強制連行は事実だと主張し続けることではない。ジャーナリストとして、吉田証言がウソではないことを、一次資料に基づいて真正面から検証したい。それが、私の信念である。

私はこれまで、公文書を所蔵する全国のさまざまな図書館や文書館を訪ね歩いてきた。その中で、もっとも多くの関連公文書を発見できたのは、外務省の外交史料館である。同館には、現在まで、通算50回以上は通い、公文書の記述をノートに抜き書きし、ビデオカメラで写真を撮って保存している。何度も新しい公文書を発見し、そのたびに高まる興奮を抑えきれない思いをしている。同館は私にとって「宝の山」なのである。しかも、そこで発見した公文書はどれも吉田証言と矛盾せず、その正しさをさらに裏付けるものとなっている。

ただ、同館の公文書は膨大であり、なかなかすべてを調べ尽くすことができない。一方で、新しい発見を多くの人に早く伝えたいという思いは募るばかりである。このため、まだ不十分であっても、一つの区切りをつけようと思い、今回、この著書の出版を決意した。

出版にあたっては、吉田氏の著書『私の戦争犯罪――朝鮮人強制連行』の出版元でもある三一書房のみなさんに大変お世話になった。ここに心から感謝の意を伝えたい。

また、「しんぶん赤旗」や日本共産党関係の、何人かの元同僚から、公然とではないが、はげましの声をいただいた。「慰安婦」問題の市民団体の方々の指導や援助も、たくさんいただいた。

改めて、ここに、お礼の気持ちを表したい。

２０１７年12月

フリー・ジャーナリスト　今田真人

今田真人（いまだ・まさと）

1955年、広島市生まれ。名古屋大学文学部史学科卒業。元「しんぶん赤旗」記者（社会部、経済部など各部の記者を歴任）。2011年6月からフリー・ジャーナリスト。
著書に『円高と円安の経済学』（かもがわ出版）、『緊急出版・吉田証言は生きている』（共栄書房）、共著に『「慰安婦」問題の現在』（三一書房）。

極秘公文書と慰安婦強制連行 外交史料館等からの発見資料

2018年2月15日　　第1版 第1刷発行

著　者── 今田　真人 © 2018年

発行者── 小番　伊佐夫

DTP ── Sult Peanuts

印刷製本─ 中央精版印刷

発行所── 株式会社 三一書房
〒101-0051
東京都千代田区神田神保町3-1-6
☎03-6268-9714
振替 00190-3-708251
Mail: info@31shobo.com
URL: http://31shobo.com/

ISBN978-4-380-18002-6　C0036　Printed in Japan
乱丁・落丁本はおとりかえいたします。
購入書店名を明記の上、三一書房まで。

「慰安婦」問題の現在 ―「朴裕河現象」と知識人

前田朗編

四六判　ソフトカバー　248頁　本体1800円　ISBN978-4-380-16001-1

日韓「合意」は「慰安婦問題」の解決をはるか彼方に遠ざけてしまった。戦後七十有余年、私たちは侵略と植民地支配の歴史を見据えてきたのだろうか。「朝日新聞」吉田証言検証、被害当事者を置き去りにした「朴裕河現象」、七十年談話から「日韓合意」へと連なる歴史認識問題の根本を抉る論集。

第一部　問われる日韓「合意」

・鈴木裕子　解決には程遠い今回の日韓「合意」
・前田朗　いま何が問われているか
・金優綺　「合意」の全面無効を
　――朝鮮民主主義人民共和国の反応
・許仁碩　台湾政府は口先だけの対応をやめるべき
・キャロライン・ノーマ　戦時性奴隷とされた女性に歴史的正義を
　――オーストラリア政府がなすべき対応

第二部　「朴裕河現象」を考える

・早尾貴紀　「和解」論批判
　――イラン・パペ「橋渡しのナラティヴ」から学ぶ
・李在承　感情の混乱と錯綜
　――「慰安婦」についての誤ったふるい分け
・前田朗　植民地解放闘争を矮小化する戦略
・金富子　新しさを装った歴史修正の動き
・能川元一　『帝国の慰安婦』における資料の恣意的な援用について
・李娜榮　『帝国の慰安婦』事態に対する立場」声明の経緯と今後の方向

第三部　朝日新聞記事訂正問題を問う

・今田真人　「吉田証言」は本当だった
　――公文書の発見と目撃証人の登場

第四部　植民地主義と知識人の責任を問う

・徐京植　日本知識人の覚醒を促す――和田春樹先生への手紙
・前田朗　「慰安婦」問題と学問の暴力
　――植民地主義とヘイト・スピーチ